M. DE BEAUVAIS

ÉVÊQUE DE SENEZ

— 1731 - 1790 —

ÉTUDE BIOGRAPHIQUE ET LITTÉRAIRE

PAR

l'abbé A. ROSNE
PROFESSEUR DE RHÉTORIQUE AU COLLÈGE D'ARCUEIL

PARIS
GAUME ET Cie, ÉDITEURS
3, RUE DE L'ABBAYE, 3

1883

M. DE BEAUVAIS

ÉVÊQUE DE SENEZ

— 1731-1790 —

DU MÊME AUTEUR

Pour paraître prochainement :

HISTOIRE DE L'ÉLOQUENCE DE LA CHAIRE

EN FRANCE

DEPUIS LA MORT DE LOUIS XIV JUSQU'A LA RÉVOLUTION

7350-83 — Corbeil. Typ. et stér. Crété

M. DE BEAUVAIS

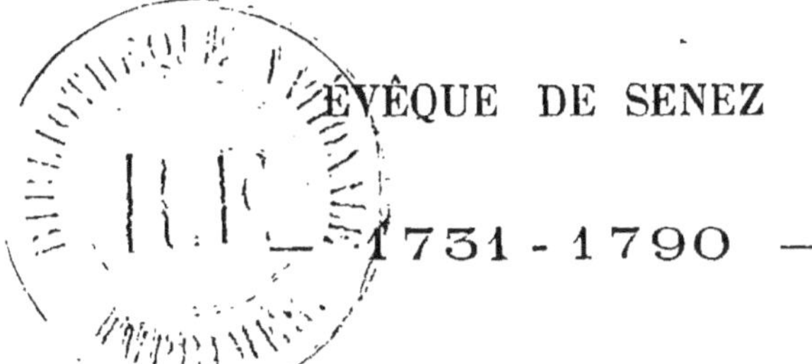

ÉVÊQUE DE SENEZ

— 1731-1790 —

ÉTUDE BIOGRAPHIQUE ET LITTÉRAIRE

PAR

l'abbé A. ROSNE

PROFESSEUR DE RHÉTORIQUE AU COLLÈGE D'ARCUEIL

PARIS
GAUME ET Cie, ÉDITEURS
3, RUE DE L'ABBAYE, 3

1883

INTRODUCTION

LES PRÉDICATEURS DE PARIS AU DIX-HUITIÈME SIÈCLE APRÈS MASSILLON

Au dix-septième siècle, les grands orateurs de la chaire chrétienne n'acquirent guère qu'à Paris leur renommée. Après sa thèse soutenue devant le grand Condé, Bossuet quitta Paris, mais comme pour s'éprouver, comme pour avoir à offrir plus tard uniquement à la capitale du royaume les magnifiques fruits de sa maturité. Il y revint pour y rester vingt-deux ans. Quand, devenu Monsieur de Meaux, il s'en éloigna, en 1681, il n'y avait, pour ainsi dire, pas une de ses grandes paroles qui n'eût retenti d'abord à la cour ou à la ville, avant d'être répétée partout, et, si les travaux multipliés de son épiscopat ont beaucoup ajouté à la gloire du prêtre, ils n'ont pu augmenter celle de l'orateur. Bourdaloue obtint en province ses premiers succès ; ce fut là qu'on devina son génie, mais la compagnie de Jésus n'attendit pas longtemps pour mettre sur le chandelier la lumière qui avait longtemps brillé pour elle seule : « super candelabrum, ut luceat omnibus qui in domo sunt. » C'était à Paris que Bourdaloue devait aller chercher la consécration du succès de ses efforts ; c'était là qu'il convenait de faire éclater, pour qu'elle fût visible de loin, cette gloire destinée à augmenter celle de Dieu. Alors commença ce « règne de Bourdaloue » (1) qui dura plus de trente ans sans contestation, et qui, jusqu'au dernier jour, fut rempli par les fêtes de l'éloquence. Or, Bourdaloue ne quitta Paris qu'une seule fois, pour aller dans le Languedoc prêcher aux protestants la religion catholique : Paris l'a possédé presque sans partage, cette grande renommée lui appartient, et celle de Massillon n'est pas moins son ouvrage. Massillon avait prêché à Vienne et à Lyon : il donnait des promesses ; ses supérieurs l'envoyèrent les tenir à Paris, et, arrivé à temps pour recueillir l'héritage de Bossuet et de Bourdaloue, il fit entendre à la capitale les derniers accents de l'éloquence du grand siècle. Elle l'adopta avec empressement, et ne lui permit que rarement, pendant vingt années, d'annoncer hors de ses murs la parole de Dieu. Les devoirs seuls de l'épiscopat purent éloigner Massillon des chaires de Paris : après l'oraison funèbre de la Duchesse d'Orléans, il n'y reparut plus ; il alla à Clermont, comme Bossuet à Meaux, remplir saintement d'humbles obligations, et servir Dieu autrement. Non seulement il ne regrettait rien de toutes ces jouissances que l'admiration avait prodiguées à son amour-propre, mais il y renonçait joyeusement, car, si les grands orateurs font de grandes œuvres, ce n'est pas sans péril pour eux-mêmes : à la gloire de Dieu, leur gloire est trop mêlée, et le vertige est fréquent sur les hauteurs : en redescendre et se taire a pour eux des douceurs inconnues aux hommes enivrés, à la tribune ou au barreau, d'applaudissements qui deviennent le charme suprême et un besoin de leur existence.

Ces grands prédicateurs du dix-septième siècle donnèrent un admirable exemple à leurs successeurs. Quelle austère préparation au ministère sacré ! que de labeurs ! On raconte, il est vrai, que Bossuet prêcha à seize ans à

(1) Sainte-Beuve.

l'hôtel de Rambouillet. Mais le « petit abbé, » comme l'appelait alors Tallemant des Réaux, fit ensuite, pendant quinze ans, de l'Écriture sainte et des Pères de l'Église sa nourriture journalière. Son essai prématuré n'avait été qu'un jeu pour récréer les beaux esprits du temps ; il ne parut pour la première fois dans la chaire à Paris qu'à l'âge de trente et un ans. Bourdaloue s'aguerrit pendant dix-huit ans avant d'entreprendre la lutte. Entré chez les jésuites à seize ans, il en avait trente-quatre quand, pour obéir à la volonté de ses supérieurs, il s'appliqua définitivement à la prédication. La vocation de Massillon s'annonça plus tôt encore que celle de Bossuet. Il n'était qu'un enfant, et déjà il s'essayait à développer devant ses condisciples les sujets qu'il avait entendu traiter. Mais il attendit dans la solitude le moment de la maturité. Tourmenté, dès ses premiers succès, d'un doute que la médiocrité ne connait guère, il alla s'enfermer à l'abbaye de Sept-Fonds, et il fallut que le général de l'Oratoire lui persuadât qu'il avait un rôle actif à remplir. C'est ainsi que ces grands hommes offrent le caractère commun d'une vocation déclarée de bonne heure, mais lentement mûrie.

Au dix-huitième siècle, quelle différence ! C'est toujours à Paris que se consacrent les renommées, mais il est inutile d'éveiller et d'avertir les talents naissants : des soucis moins élevés que celui du salut des âmes les aiguillonnent déjà. Il est impossible de les retenir dans une solitude laborieuse jusqu'à l'entier développement de leurs facultés : l'impatience les saisit ; ils se jettent dans la mêlée. L'abbé de Besplas dit de M. de la Tour du Pin, dont l'éloquence était très goûtée : « Applaudi trop tôt, il ne « vit que sa gloire, et non les défauts que sa jeunesse « lui faisait pardonner, et, comme il arrive assez ordi- « nairement, jamais il ne songea à s'en corriger » (1).

(1) De Besplas, *Essai sur l'éloquence de la chaire*, chap. v.

Combien d'exemples à citer à côté de celui-là ! Les prédicateurs du dix-huitième siècle étaient trop mêlés à la vie extérieure. « Necesse est de mundano pulvere etiam religiosa corda sordescere. » Ils prenaient aisément l'habitude du laisser-aller, du succès facile, et le feu d'esprit qui suffit pour un impromptu paraissait à beaucoup d'entre eux capable d'animer une composition oratoire. Une conviction forte peut assurément aider l'orateur à prendre son vol ; elle ne peut à elle seule le maintenir longtemps dans les régions supérieures de l'éloquence. Pour entraîner avec lui d'autres âmes, l'orateur sacré a deux ailes : la science et la foi. A plusieurs, dans ce siècle, le secours d'une foi ardente faisait défaut, et la science approfondie des choses sacrées manqua au plus grand nombre. A ceux qui n'avaient ni assez de science, ni assez de foi, il ne restait que ce qu'il est véritablement permis dans ce cas d'appeler une misérable ressource, l'imagination et l'esprit.

C'était un mal du siècle que l'absence de recueillement dans l'intelligence. Duclos a parlé du danger que les hommes voués par leur vocation à des travaux austères rencontraient dans les efforts d'un monde léger pour les attirer à soi. « L'homme de lettres, écrit-il, qui, par des « ouvrages travaillés, aurait pu instruire son siècle et « faire passer son nom à la postérité, néglige ses talents « et les perd, faute de les cultiver. Il aurait été compté « parmi les hommes illustres : il reste un homme d'esprit « de société (1). » Cette société était faite pour exercer sur ceux dont elle s'emparait une énervante influence. Que de trésors dispersés dans un fatal éparpillement ! A se prodiguer chaque jour, sans se ménager une studieuse retraite où les richesses de l'esprit se renouvellent et où l'âme se rajeunit, on a bientôt touché le fond de son intelligence, et senti se dessécher son cœur. Si l'on est appelé

(1) Duclos, *Considérations sur les mœurs de ce siècle.*

à la parole publique, c'est pour rouler bientôt dans le même cercle, et un jour vient où l'on se voit avec terreur tombé dans une vieillesse anticipée. Le talent qui promettait de beaux fruits est devenu irrémédiablement stérile.

La prédication chrétienne souffrit singulièrement de ce mal. Combien le prêtre n'était-il pas diminué, quand il se laissait entraîner dans le tourbillon et qu'il y perdait jusqu'au pouvoir de se retrouver ! C'est qu'il n'était donné de se ressaisir à aucun de ceux que le siècle avait trop attirés. Bossuet et Massillon, descendus de la chaire chrétienne, retirés à Meaux, à Clermont, eurent une vieillesse pleine d'œuvres et de mérites : le soleil avait disparu derrière les collines, mais l'horizon restait illuminé. Si Bourdaloue ne quitta point Paris, il ne quitta pas non plus la brèche, et il mourut en la défendant. Parmi les plus connus de leurs successeurs, bien peu surent donner ce grand spectacle : leur fin ne fut pas pour eux le soir d'un beau jour. Au lieu de consacrer à ces humbles travaux qui valent au prêtre la meilleure palme, les restes « d'une voix qui tombe et d'une ardeur qui s'éteint, » ils cherchaient presque tous à se perpétuer là où ils avaient aimé à vivre, et la mondanité les enveloppait peu à peu comme d'un voile, à travers lequel ils perdaient de plus en plus de vue les choses de Dieu.

On lit dans les mémoires de Bachaumont à la date du 26 juin 1765 : « M. l'abbé de la Tour du Pin, prédica-« teur célèbre, vient d'être arrêté dans sa carrière. Il est « mort ces jours-ci d'une fièvre maligne, plus en philo-« sophe qu'en orateur chrétien. » Terrible épitaphe sur une pareille tombe ! L'abbé de Besplas rapporte ce fait presque dans les mêmes termes que Bachaumont. Grâce à Dieu, cet exemple lamentable fut une exception, mais combien de ceux qui brillaient à côté de la Tour du Pin et au-dessus de lui eurent les mains trop vides d'œuvres, après avoir longtemps prêché au milieu des applaudissements !

Ces prédicateurs sont ceux dont l'abbé de Boismont nous offre le type le plus connu et le plus caractéristique. Ils montrèrent pour la plupart une intelligence vive et souple ; ils eurent sans doute conscience des besoins nouveaux de la société et cherchèrent à les satisfaire, mais par quel moyen, hélas ! Ils imaginèrent de ne plus prêcher l'Évangile, et l'on en vit plusieurs, pleins de complaisance pour les philosophes et leurs doctrines, ne paraître occupés que de ce qui pourrait leur assurer une renommée dans tous les cas viagère, et dont la postérité la plus prochaine devait faire aussitôt justice. Comme ils sentaient qu'on ne se pressait plus autour de la chaire chrétienne pour en entendre tomber des vérités quelquefois redoutables, toujours salutaires, et que le plaisir de l'esprit était l'appât le plus sûr pour attirer un grand nombre d'auditeurs, et gagner leurs suffrages, ils empruntèrent à l'éloquence académique ses finesses, sa pompe, tous ses procédés si incompatibles avec les vraies traditions de l'éloquence sacrée. Leur ministère était frappé de stérilité parce que leur parole était pleine de compromissions fâcheuses ; ils ne voulurent jamais s'avouer à eux-mêmes que leur voix n'était rien qu'une cymbale retentissante, et, devenus mondains sous prétexte de mieux assurer leur empire sur le monde, ils ne s'aperçurent pas qu'ils en étaient devenus les esclaves.

C'était le temps où Notre-Seigneur Jésus-Christ s'appelait « l'auguste législateur des chrétiens », où un grand saint était loué dans la chaire surtout parce qu'il s'était montré « un citoyen utile, » où enfin des prédicateurs tombaient sous le coup de l'anathème divin : « Qui erubuerit me coram hominibus, erubescam et ego eum coram Patre meo. — Je rougirai devant mon Père de celui qui aura rougi de moi devant les hommes. » Ces tristes tendances ne se manifestèrent nulle part d'une manière aussi éclatante pour nous que dans le plus grand

nombre des Panégyriques de saint Louis, prêchés chaque année devant les diverses académies. On devine quel jugement l'école philosophique devait porter sur les croisades. Ouvrons l'*Encyclopédie*. Nous y lisons ces mots : « Les pèlerins, témoins de la dure servitude sous laquelle « gémissaient leurs frères d'Orient, ne manquaient pas « à leur retour d'en faire de tristes peintures. On traita « longtemps les déclamations de ces bonnes gens avec « l'indifférence qu'elles méritaient, et l'on était bien « éloigné de croire qu'il viendrait jamais des temps de « ténèbres assez profondes et d'un étourdissement assez « grand dans les peuples et dans les souverains sur leurs « vrais intérêts pour entraîner une partie du monde dans « une malheureuse petite contrée, afin d'en égorger les « habitants et de s'emparer d'une pointe de rocher qui « ne valait pas une goutte de sang, qu'ils pouvaient vé- « nérer de loin comme de près, et dont la possession « était si étrangère à l'honneur de la religion (1). » Grâce à Dieu, d'aussi puériles attaques seraient bien méprisées aujourd'hui. Le naïf fanatisme de M. Viennet disant devant l'Académie française (2) que les Croisades avaient eu seulement cela de bon qu'elles avaient suscité un poème épique, a fait sourire en son temps. Michelet, quand il arrive aux Croisades, est comme emporté par un souffle d'une puissance étrange. « Antiquas res scribenti, nescio quo pacto, antiquus fit animus. » Vous diriez un instant que ce fils de Voltaire est un fils des Croisés. Il célèbre à son point de vue « le christianisme « vivant et jeune, au moment des expéditions d'outre- « mer; ces hommes si fiers qui, pour un mot, auraient « fait couler dans leur pays des torrents de sang, et qui « se soumettaient pieusement à tout ; le grand événement « enfin qui fit de l'Europe une nation, et par lequel l'hu-

(1) *Encyclopédie*, t. X, p. 32. Art. *Croisades*.
(2) Réponse au discours de réception de M. de Carné.

« manité recommence à s'honorer elle-même (1). » Qu'eût dit Michelet de l'article de l'*Encyclopédie?* Mais ces attaques faisaient peur au dix-huitième siècle. Aussi voit-on les prédicateurs officiels descendre aux plus misérables atténuations pour n'être pas accusés de fanatisme. En 1767, un grand vicaire de Cahors prêche le Panégyrique accoutumé dans la chapelle du Louvre, sans signe de croix, sans texte, sans aucune citation de l'Écriture, sans prononcer le nom de Dieu! « Il n'envi« sage Louis IX, nous dit Bachaumont, que du côté des « vertus politiques et guerrières. Il fronde les Croisades, « il en fait voir l'absurdité, la cruauté, l'injustice « même (2). » Le dimanche suivant, grâce à l'intervention de Duclos qui a circonvenu le curé mal informé, il prêche le même sermon à Saint-Roch, et cette fois avec un texte, mais significatif : « Erudimini qui judicatis terram. » Presque tous les prédicateurs de l'école académique auraient rougi d'un pareil scandale, qui pourtant ne fut pas entièrement isolé, mais tous entraient dans cette voie, et y allaient plus ou moins loin. Quelle condamnation pour eux!

Il y eut à Paris, au dix-huitième siècle, un autre groupe de prédicateurs, fameux en ce temps, presque oubliés aujourd'hui, prêtres vertueux d'ailleurs pour la plupart, et dont l'erreur, à la fois moins funeste et moins coupable que celle dont nous avons parlé, ne fut pas comme elle une demi-trahison. L'abbé de Beauvais fut le plus éminent, sinon le plus célèbre représentant de ce groupe. L'imitation des grands modèles y fut en honneur. Ségand, Cambacérès, le Chapelain, Clément, de Beauvais lui-même s'attachèrent avec plus de zèle que de bonheur à reproduire les formes de l'éloquence de Bourdaloue ou de celle de Massillon. Bossuet n'était pas en

(1) Michelet, *Histoire de France*, t. IX, *passim*.
(2) *Mémoires secrets de Bachaumont*, août 1767.

cause : ses sermons passaient alors pour médiocres ; on ne s'essayait guère qu'à reproduire les grands mouvements de ses oraisons funèbres, et d'ailleurs une admiration éclairée eût mieux prémuni encore contre la tentation de l'imiter ? Imiter, est-ce là le secret de s'élever ? Toute imitation est à la fois un indice et une cause de faiblesse. Une intelligence vraiment puissante ne peut-elle, en gardant la plus respectueuse admiration pour les chefs-d'œuvre consacrés, essayer de se frayer elle-même un chemin ? N'est-ce même pas là une nécessité absolue, si la génération nouvelle s'est transportée sur un autre terrain, et si, en marchant dans la voie battue, on ne doit plus la rencontrer ? Ne pas rencontrer ceux qu'ils cherchaient, c'était bien, en effet, le danger que les imitateurs ne surent pas prévoir.

Déjà faibles par eux-mêmes et inférieurs à leurs modèles, ils usèrent encore parfois, pour pratiquer sans doute cette tolérance dont on parlait tant autour d'eux, de tempéraments excessifs dans l'exposition de la doctrine, en face d'un auditoire qui ne leur appartenait pas assez ; et cette double faiblesse les perdit. « Il eût fallu, dit « M. de Barante, des orateurs remplis de chaleur et d'au- « dace, profonds dans la science de la religion, et animés « par une foi que l'incrédulité du siècle afflige et n'inti- « mide pas ; mais, par malheur, le public agit toujours plus « sur ceux qui lui parlent, que ceux-ci n'agissent sur « lui (1) ». L'audace ! Combien de prédicateurs étaient éloignés d'en avoir ? Et pourtant, ils s'adressaient à la génération de Voltaire ; c'était à elle qu'ils se contentaient de faire entendre un écho affaibli de l'éloquence destinée au siècle précédent, si différent du nouveau.

C'est un fait remarquable que les arguments du dix-huitième siècle n'ont été discutés dans la chaire qu'au com-

(1) M. de Barante, *Tableau de la littérature française au* XVIIIe *siècle*, p. 208.

mencement du dix-neuvième par M. de Frayssinous. Jusqu'à lui, aucun accent nouveau n'avait retenti dans la chaire chrétienne : ses prédécesseurs immédiats se renfermèrent dans les limites classiques. Il se fit, lui, l'avocat de l'Église; il apporta sa défense dans le temple comme dans un prétoire, et plaida, sur de nouvelles pièces, ce procès étonnant où l'humanité est juge et partie tout à la fois. « Il avait affaire à des fils de Vol-« taire, dit M. Rigault, et il le savait. Faisant à la liberté « d'examen sa part, il posait des objections, il en pré-« voyait de la part de son auditoire, et mettait l'apologé-« tique chrétienne au niveau de la science et de la philo-« sophie du temps (1). » Cette œuvre qui parut nécessaire alors eût dû être commencée dans le siècle précédent. C'était en face de l'*Encyclopédie* qu'une apologie fière et courageuse devait se dresser, et prouver, par une victorieuse affirmation de l'éternelle jeunesse de l'Église, la vérité des promesses qu'elle a reçues de son fondateur. Voilà ce que n'ont pas su faire les prédicateurs dont nous parlons, et pourquoi leur œuvre n'a pas laissé de traces profondes, malgré leur bonne volonté incontestable et le talent dont ils ont fait preuve.

Aucun d'eux ne mérite une étude particulière autant que M. de Beauvais. Avant de publier l'*Histoire de l'éloquence sacrée au dix-huitième siècle*, l'auteur s'est plu à mettre en lumière la vie et les œuvres de cet éminent et saint prélat. Il eût été impossible dans un travail d'ensemble de lui faire une part aussi privilégiée. Mais on se prend à aimer une belle âme quand on a eu commerce avec elle, et c'est pourquoi j'ai voulu détacher cette sympathique figure du tableau pour la placer dans un médaillon. Le charme et la grâce en forment le principal attrait, mais elle ne manqua jamais de noblesse et sut parfois revêtir une majesté véritable. La vie de M. de Beau-

(1) Hippolyte Rigault, *Œuvres*, t. IV, p. 52.

vais, admirablement une, inspire des sentiments qui, au récit des beaux jours où son âme d'orateur s'éleva à la hauteur de son cœur de prêtre, deviennent aisément de l'admiration. Le lecteur comprendra, je l'espère, que je me sois attaché à cette douce mémoire, et que je forme le vœu de voir un reflet de gloire dissiper l'ombre répandue autour de ce nom sans tache.

M. DE BEAUVAIS

I

M. DE BEAUVAIS JUSQU'A SON ÉLÉVATION A L'ÉPISCOPAT

Jean-Baptiste Charles Marie de Beauvais naquit à Cherbourg, le 17 octobre, selon les uns; selon les autres, le 13 décembre 1731. Son père était avocat au parlement de Paris; sa mère s'appelait Charlotte Luce; leur fortune était médiocre, mais leur âme au-dessus de leur fortune; et l'unique enfant que Dieu leur accorda, après avoir été ardemment désiré, fut entouré par eux dans son éducation d'une tendresse éclairée et vigilante. Le père entreprit tout particulièrement de former l'intelligence, et la mère, le cœur de son fils; tous les deux d'ailleurs avaient un égal souci de sauvegarder en lui par la piété une aimable innocence que la pratique du devoir rendît capable de se transformer plus tard en une mâle vertu. Dès ce moment, Jean-Baptiste montra dans la maison paternelle la plus filiale soumission, et, au dehors, la charité la plus compatissante. Son âme se révélait tendre et délicate; celui qui, comme le dit avec raison un de ses biographes, devait un jour rappeler au clergé saint François de Sales et Fénelon, se préparait déjà à les imiter. Cependant l'intelligence de l'enfant faisait concevoir à son père des espérances qui le ravissaient : il crut ne pouvoir les réaliser qu'à Paris, où Jean-Baptiste trouverait les maîtres les plus remarquables et sans doute la voie qui le conduirait à sa destinée. Mais il ne pouvait entrer dans la pensée de parents, dont ce fils unique était toute la vie, de se séparer de lui entièrement, comme il l'eût fallu à cette époque, s'ils n'avaient pris la résolution de le suivre pour continuer à le diriger. La famille alla donc s'établir à Paris, et le jeune écolier entra au célèbre collège d'Harcourt. On l'y remarqua dès ses débuts, et quand il fut devenu l'élève de Le Beau, de ce professeur de rhétorique dont la mémoire n'a pas péri, ses facultés se développèrent avec éclat et rapidité. Son maître reconnut en lui un esprit juste et fin, une imagination brillante, un cœur empressé à s'ouvrir et capable de généreux élans : il lui donna une direction douce et ferme à la fois ; l'élève y obéit avec une docilité si bien récompensée, qu'il obtint les plus belles couronnes, et effaça tous ses concurrents. Parmi eux se trouvait le futur académicien Thomas, dont l'éloquence ne valut jamais celle de M. de Beauvais, quoique le renom en ait duré davantage, surtout parce que les défauts y étaient plus éclatants. Le Beau, entre autres mérites, eut celui d'éveiller chez son jeune rhétoricien l'instinct oratoire en lui apprenant à admirer les grands modèles. Ce maître de la jeunesse savait d'ailleurs, en l'aimant, se faire aimer d'elle et lui inspirer une reconnaissance durable. Trente ans plus tard, l'évêque de Senez donnait des larmes à la perte de Le Beau dont il était demeuré l'ami.

Mais déjà une rude épreuve allait atteindre le jeune homme, avant qu'il eût fait ses débuts dans la vie et choisi sa carrière. Son père mourut avec la consolation d'avoir vu l'aurore d'une belle vie, avec la douleur de n'en pouvoir connaître davantage. Madame de Beauvais, atteinte au cœur, tomba en langueur et dut retourner dans son pays natal, laissant à Paris son fils, qui y était retenu par la nécessité de se préparer un avenir. M. de Beauvais, son oncle, chef du bureau de l'agence générale et garde des archives du clergé, voulut lui servir de père et guider ses premiers pas dans la vie militante. Cet homme de bien s'attacha d'abord, avec une sage prudence, à prémunir son pupille contre les louanges prématurées qui lui venaient de tous les côtés. Tant de jeunes gens prennent ces flatteries pour de vraies promesses de succès, tandis que le monde les prodigue avec une insouciance qui devrait donner la mesure de leur néant ! Rien ne pouvait être plus utile au futur orateur que de pareils avertissements. Il les mit à profit dans les réflexions qu'il fit sur le choix d'un état, et il songea un instant à aller cacher son humilité dans un des noviciats de la compagnie de Jésus. Il n'avait pas été élevé à son école, mais il était témoin de la supériorité qu'elle conservait dans l'enseignement et dans la chaire, ces deux voies entre lesquelles il hésitait ; il voyait briller au premier rang des orateurs sacrés le Père de Neuville, son compatriote ; il était prêt à s'en remettre à de pareils maîtres du soin de son avenir.

M. de Beauvais, son oncle, n'approuva pas ce projet, parce qu'il en avait lui-même caressé un autre. Il voulait l'associer à ses travaux, lui faire confier le soin de défendre au barreau les intérêts du clergé, et obtenir de lui céder sa propre charge ; enfin, il eût été heureux de l'unir à l'aînée de ses filles, et de confondre ainsi les deux branches de la famille. Dans son embarras, le jeune homme consulta son guide, M. Léger, curé de Saint-André des Arts, un des prêtres du diocèse de Paris les plus justement vénérés au dix-huitième siècle. Ce sage directeur savait combien cette âme était restée pure et que la passion du bien l'animait tout entière : il n'hésita pas à l'engager dans la voie du sacrifice et à lui indiquer pour but le ministère sacré. Madame de Beauvais avoua à son fils qu'en suivant ce conseil il réalisait le plus cher de ses vœux. Mais une espérance de vieillard qui n'a plus à en former aucune n'abdique pas aisément, et, pour condescendre aux désirs de son oncle, pour se soumettre à une épreuve, le futur lévite entra dans les bureaux de l'agence du clergé. Il ne crut pas un instant qu'il lui fût possible d'y rester ; il n'était que résigné, et il ne consentit pas à l'être longtemps ; pendant une absence de son oncle, il reprit sa liberté pour y renoncer aussitôt, et se consacrer au service de l'Église. Il revêtit l'habit ecclésiastique. M. Léger le fit entrer au collège de Sainte-Barbe, mais sa santé s'y altéra, le régime de cette maison austère était trop rigoureux pour un tempérament encore mal affermi ; l'abbé de Beauvais préféra le séminaire de Saint-Nicolas du Chardonnet. De là il suivit le cours de théologie du collège de Navarre, qui a compté de si illustres noms parmi ses élèves. Il apporta toute son ardeur à l'étude des sciences sacrées, mais ne parvint pas à goûter les exercices de la scolastique, de même qu'il n'avait trouvé aucun charme aux disputes philosophiques. Sans défendre les subtilités de l'école, qu'on a mis trop longtemps à juger surannées, n'est-il pas permis de voir dans cet éloignement du jeune étudiant pour des formes de discussion où Bossuet avait trouvé de quoi assouplir son puissant esprit, un symptôme de décadence, et, sans mépris d'ailleurs, trop peu de souci d'atteindre à la profondeur des pensées, de pénétrer dans les questions qui n'ont pas seulement excité la curiosité des hommes, mais aussi leur légitime inquiétude ? Ces questions renferment le secret de notre destinée, et, pour qu'un orateur sacré devienne apologiste, il faut qu'il soit aussi, au sens chrétien, ce qu'on appelle un penseur. Mais l'abbé de Beauvais n'était guère épris que des charmes de l'éloquence. Il aimait les exercices par lesquels il préludait, dès le séminaire, à ses triomphes futurs ; il y mettait toute son âme, et charmait également ses vieux maîtres et ses jeunes condisciples.

Quand son cours de théologie fut achevé, il retourna dans le diocèse auquel il appartenait par sa naissance, afin d'y recevoir la prêtrise. Sa mère le vit monter à l'autel; ce fut une de ses plus grandes joies, et la dernière qu'elle ait goûtée, car ce fils bien-aimé ne put faire auprès d'elle qu'un court séjour, et ils ne devaient plus se revoir. L'abbé de Beauvais entra, comme il se l'était promis, dans la communauté de Saint-André-des-Arts, toujours dirigée par son protecteur, M. Léger. Elle était regardée, dit M. de Boulogne, comme le séminaire de l'épiscopat. En vingt ans en effet, de 1758 à 1778, elle donna leurs pasteurs aux diocèses de Limoges, de Montauban, de Comminges, de Tulle, d'Arras, de Saint-Pons, de Lombez, de Riez, d'Alais, d'Auch et de Senez. Les évêques de France regardaient le curé de Saint-André des Arts comme le plus habile et le plus saint directeur auquel on pût confier de jeunes prêtres; aussi lui envoyaient-ils de toutes parts ceux qu'ils voulaient associer à leurs travaux. L'abbé de Beauvais n'eut besoin de personne pour entrer dans cette réunion, et dès le premier jour il se trouva plus près que tous les autres du cœur de son maître. Ce fut dans la paroisse même de Saint-André qu'il prêcha pour la première fois en public, aux enfants qui venaient de faire leur première communion. Sa candeur, qui avait survécu à sa première jeunesse, son accent plein de conviction firent sur l'auditoire l'impression la plus heureuse. Pourtant, dès ce début, l'orateur ne laissa pas, dit-on, de sentir toute l'imperfection de son discours, et de comprendre qu'il n'était pas assez préparé au ministère de la chaire. Il n'avait qu'effleuré l'Écriture sainte et les Pères de l'Église; il s'attacha à les étudier, ainsi que nos grands modèles du dix-septième siècle : il sentait que, pour élever un monument, ses premiers travaux n'étaient que des fondements trop peu larges, trop peu profondément assis. Mais, hélas! le temps lui manquait désormais, et malgré ses vertus et son zèle, il fut de son siècle par la précipitation avec laquelle il se laissa produire. On a dit de Voltaire : « Il est social, « mondain, dispersé à tous les vents, répandu dans l'es« pace, jamais replié sur lui-même, jamais recueilli. Rien « de solitaire. Il reste toujours à la première édition de « sa pensée et de son sentiment (1). » Retranchez un mot malsonnant, atténuez un mot exagéré, vous pourrez appliquer ce jugement à nombre de contemporains de Voltaire qui certes ne songeaient à rien moins qu'à l'imiter. Ce fut alors, nous l'avons dit, un mal contagieux que le manque de recueillement dans l'intelligence. Le critique des *Annales littéraires* l'a reproché à M. de Beauvais, sans négliger de dire que ce défaut était général. « Il se distingua, dit-il, trop tôt peut-être pour sa gloire. « On ne peut disconvenir qu'il eût réussi davantage et « fait de plus grands progrès, s'il avait débuté plus « tard, et s'il eût laissé mûrir son talent par une étude « plus sérieuse et plus approfondie des hommes et des « bons modèles. C'était en général ce défaut de la préci« pitation qu'on remarquait chez les ecclésiastiques à « talents, lesquels, avides de succès ou trop impatients « de suivre les impressions de leur zèle, abrégeaient trop « souvent le temps des épreuves et des talents prélimi« naires qu'exige la perfection d'un art auquel suffit à « peine la vie tout entière d'un homme. »

Après les premiers succès, peu d'hommes ont le courage de s'arrêter, même parmi ceux qui en sentent le besoin. On est poussé en avant par ces voix intérieures qu'il est si doux d'écouter, si difficile d'étouffer ; par les voix du dehors qui, sincères ou perfides, sont presque toujours trompeuses ; on craint de ne plus retrouver, si on se plonge dans la méditation, l'élan dont on est animé ; bientôt, on se persuade qu'on a obéi à une lâche

(1) Vinet, *Histoire de la littérature française au* XVIIIe *siècle*, t. I, p. 2.

défiance de ses forces, que le vrai zèle consiste à ne pas reculer, et on continue sans viatique sa route aventureuse. La génération qui nous a précédés a vu le Père Lacordaire, descendre de la chaire de Notre-Dame après une épreuve qu'il pouvait regarder comme victorieuse, pour aller chercher dans la solitude des inspirations plus fécondes encore, et ne revenir qu'après avoir définitivement affermi son intelligence. Le dix-huitième siècle ne vit jamais rien de semblable. Pour l'abbé de Beauvais, entouré de sollicitations, il ne crut pas pouvoir refuser de se juger utile, et, malgré des scrupules, il continua sans interruption ses travaux de plus en plus absorbants. Du moins convient-il de dire à sa louange que s'il céda, ce fut uniquement à la tentation d'un zèle véritable.

Peu de réputations s'établissent aussi rapidement qu'on vit s'élever la sienne. Il fixa bientôt l'attention de Paris, et la foule accourait à ses sermons. Ses facultés oratoires étaient secondées par des dons qui en rehaussaient le mérite et en augmentaient l'effet : Nous avons parlé de sa prédilection pour Fénelon de qui il disait, en le comparant à Bossuet : « Son éclat plus doux représente, au-« tant qu'il est donné à un mortel, la divine douceur et « l'onction céleste de l'Homme-Dieu. » Cette prédilection devint une ressemblance. L'abbé de Beauvais avait des mœurs d'une pureté angélique, des sentiments d'une élévation extraordinaire, une piété aimable et inclinant à l'indulgence, des traits fins et doux, un air à la fois noble et modeste : tout en lui rappelait le souvenir de Fénelon, et sa plus belle gloire est d'avoir mérité que cette grande mémoire fût évoquée à côté de son nom. Ce fut en effet le cri de ses contemporains et l'hommage flatteur qui le suivit partout.

Pendant les premières années de son ministère, M. de Beauvais se partagea entre les diverses églises de Paris qui le réclamaient. Malheureusement, son vénérable directeur, M. Léger, ne sut pas lui donner les conseils dont il aurait eu besoin pour le diriger dans son choix entre les nombreux sujets qui sollicitent un prédicateur. Un demi-siècle plus tard, l'abbé Maury, *non ignarus mali*, écrivait : « On prêchait alors, je m'en souviens avec « douleur, sur les petites vertus, sur le demi-chrétien, « sur le luxe, sur l'honneur, sur l'égoïsme, sur l'antipa- « thie, sur l'amitié, sur la société conjugale, sur la com- « passion, sur la dispensation des bienfaits, enfin, sur la « sainte agriculture, et on aurait pu suivre un carême « entier des prédicateurs à la mode sans entendre ja- « mais parler des quatre fins de l'homme, du délai de la « conversion, d'aucun sacrement, d'aucun mystère, et « d'aucun péché mortel. Bossuet lui-même, avec tout son « génie, ne serait jamais parvenu à faire un vrai et beau « sermon chrétien sur de pareilles matières (1). » Faut-il le dire ! le curé de Saint-André des Arts avait demandé pour son église des discours de ce genre à son élève. Tant il est vrai que, plongés dans le courant d'un siècle, les plus intrépides ne peuvent le remonter toujours, ni les plus clairvoyants apercevoir toujours les endroits dangereux ! Le digne pasteur voulait réformer dans son église les mœurs domestiques : l'abbé de Beauvais qui accomplissait, dit M. de Sambucy, toutes ses intentions avec la docilité d'un vicaire et le zèle d'un apôtre, prêcha lui aussi, à Saint-André et partout ailleurs, sur les vertus sociales, sur la société conjugale, la pudeur, le luxe, la piété filiale, etc... Non seulement le dogme était délaissé, mais on ne restait guère qu'à la surface de la morale. Avec de pareils discours, on pouvait, dans un siècle léger, aspirer au succès; il n'était pas permis d'en espérer la réforme des mœurs. Et cependant M. de Beauvais était un prêtre selon le cœur de Dieu ! Combien ces défaillances ne sont-elles pas instructives quand on les rencontre chez les meilleurs ! Tous les titres indiqués par

(1) Maury, *Essai sur l'éloquence de la chaire*. Édit. Didot, p. 82.

l'abbé Maury, sauf le dernier, qui est singulier jusqu'au ridicule, se trouvent dans le recueil des sermons du futur évêque de Senez, et ils donnent la mesure de ses contemporains ; ils font comprendre jusqu'où d'autres pouvaient pousser l'oubli de l'Évangile.

Cependant l'apôtre de la Religion ne pouvait pas ne pas entendre ce tumulte qui longtemps auparavant frappait les oreilles de l'archevêque de Cambrai. C'était en ce temps-là, et le mot de Fénelon est devenu célèbre : « un bruit sourd d'impiété. » C'était au milieu du dix-huitième siècle, une guerre ouverte et acharnée contre l'Eglise. Quand on considère à quelles attaques elle fut en butte à cette époque, quelle fut l'audace de ses agresseurs, avec quelle faiblesse luttèrent la plupart de ceux qui avaient mission de la défendre, quand on voit qu'au milieu de ce déchaînement, « Benjamin est sans force et Juda sans vertu, » on se demande d'où a pu venir ce pesant sommeil et cette lâche désertion d'un poste sacré. On se souvient que l'éloquence romaine, si grande et si forte, sous la République, quand les passions étaient soulevées, périt dès qu'elle fut pacifiée, c'est-à-dire, dès qu'à l'avènement d'Auguste cessèrent les luttes et les compétitions du forum pour laisser reposer le monde sous l'empire d'un seul. Au contraire, l'éloquence chrétienne, que l'autorité absolue de Louis XIV et la quiétude profonde où l'on vivait alors n'avaient pas empêchée d'être forte et d'attaquer sans ménagement comme sans relâche les vices individuels, perdit son éclat, de son énergie et de son influence dans les temps troublés qui suivirent, et où pourtant le mal, passé dans le corps social, ne permettait pas un instant de défaillance. Si, comme l'a dit M. de Bonald, » la chaire « vaut mieux que la tribune pour former des hommes « éloquents, parce qu'ici on combat généreusement les « passions, et que là on les appelle avec bassesse », l'âpreté croissante de la lutte, le tumulte des voix qui s'entrechoquaient comme des épées, aurait dû susciter des héros. On écoute alors ce que disent les voix du sanctuaire, on tourne ses regards vers cette chaire chrétienne accoutumée à de si beaux triomphes, et où surtout on devrait parler le langage dont le siècle nouveau a besoin, mais il ne s'élève pas de voix assez puissantes pour faire demeurer ceux qui vont sortir du temple, pour faire courber les genoux de ceux qui restent debout. C'est à peine si elles ont assez de chaleur pour échauffer la foi de ceux qui sont venus prier. L'arche sainte n'est pas muette, mais elle ne rend plus d'oracles; il n'en sort plus qu'une vaine harmonie où il est impossible de reconnaître la parole d'un Dieu qui s'adresse à son peuple.

Ces réflexions viennent infailliblement à l'esprit quand on voit comment l'abbé de Beauvais, dès lors, et malgré sa jeunesse, l'un des porte-parole les plus autorisés de l'Eglise de France, comprit sa mission. Il eut le mérite de sentir que les sujets dont il entretenait ses divers auditoires n'avaient aucune portée efficace, et, s'il faut en croire ses biographes, ce fut pour entrer dans l'arène contre l'école philosophique qu'il composa en 1759 le panégyrique de saint Vincent de Paul. « Il crut, dit l'un « d'eux, que, dans un siècle où l'on ne parlait que d'hu-« manité, il fallait dévoiler tous les bienfaits de la reli-« gion » (1).

Ce discours fut écrit pour être prononcé dans la chapelle de l'Hôtel des Invalides, comme le prouvent l'exorde et la péroraison qui s'adressent « aux vieux guerriers ».

Il fut prêché plus tard dans beaucoup d'églises, notamment dans celle de Notre-Dame à Versailles, et le succès en fut considérable. La préoccupation de l'orateur se trahit dès la première ligne : « La gloire du ciel, dit-il, « n'est pas le seul objet de la mission de Jésus-Christ; « il veut encore faire le bonheur de la terre. » Il plaide

(1) *Vie de M. Beauvais*, par M. de Sambucy, p. 26.

les circonstances atténuantes; ce n'est pas lui qui se chargerait de commenter ce texte terrible de l'Écriture : « *Non pacem veni mittere in terram, sed gladium.* » Aussi, choisit-il pour son sujet cette division facile : « héros de la religion, héros de l'humanité » que Maury condamnait plus tard, comme une banale antithèse, et qu'il accusait d'avoir valu à saint Vincent beaucoup de panégyristes, mais pas un seul orateur.

A la fin de la première partie, il s'excuse de n'avoir loué jusque là en saint Vincent que des vertus malheureusement trop indifférentes pour un siècle aussi peu religieux; il s'écrie : « Si vous avez des entrailles, si vous « êtes hommes, que votre attention se réveille : c'est le « héros de l'humanité, c'est le père des pauvres qui va « paraître. » Puis il exalte le « citoyen » qui a surpassé la bienfaisance des rois les plus célèbres. Si vraiment M. de Beauvais a conçu le projet de battre en brèche les doctrines nouvelles dans ce morceau d'éloquence, il s'est bien trompé. Ce n'était pas en abaissant le saint qu'il pouvait grandir l'homme, ni en quittant le terrain sacré qu'il pouvait y ramener les incrédules. Ainsi, quand, dans la tragédie grecque, Euripide diminua la taille des dieux et des héros pour les réduire aux proportions humaines, il ne fit que constater et accélérer la chute des croyances helléniques.

Après le premier succès de son Panégyrique, l'abbé de Beauvais avait été appelé à le prêcher de nouveau à la paroisse de la cour, à Versailles. Sa réputation y gagna encore, et Louis XV l'invita à se faire entendre dans la chapelle royale le jeudi-saint de l'année suivante, pour le sermon de la cène. On est heureux d'entrer dans cette période de la vie de l'orateur : nulle part il n'acquit de plus véritables titres à l'admiration que dans les circonstances solennelles où il fit tomber du haut de la chaire sur le trône les plus courageux, les plus nobles avertissements. Madame de Sévigné s'écriait que Bourdaloue, devant le roi et les courtisans, frappait comme un sourd : plusieurs fois l'abbé de Beauvais eut la même audace avec la même autorité, et c'est avec bonheur que nous rappellerons quelques-unes de ses mémorables adjurations. Dans le premier sermon de la cène, il se montra plein d'une réserve qui tenait à sa jeunesse et à son inexpérience de la cour. C'était pourtant déjà faire preuve d'une noble confiance que de prendre pour texte ces paroles de l'Ecriture : « Esto in illis quasi unus ex ipsis ; curam illorum habe. » « Soyez au milieu d'eux comme l'un d'eux, et veillez à leur bonheur. » Ce discours ne nous a pas été conservé d'ailleurs, et on doit le regretter, si on juge de sa valeur par l'effet qu'il produisit. Le Dauphin, père de Louis XVI, frappé de l'air de jeunesse qu'avait cet orateur d'une éloquence déjà mûre, l'arrêta quand il descendit de chaire pour lui demander son âge, et, apprenant de sa bouche qu'il n'avait pas trente ans, il se répandit en chaleureuses félicitations. Les évêques présents à Versailles et les courtisans eux-mêmes applaudirent à l'envi ; l'abbé de Beauvais fut présenté à la Reine qui l'invita à prêcher devant elle l'année suivante (1760), à pareil jour, quoique l'honneur de donner ce sermon fût attaché à la charge de prédicateur ordinaire de Sa Majesté. Ce second discours obtint le même succès que le premier, et valut à son auteur d'être appelé à prêcher à la cour en 1761, le jour de la Pentecôte.

C'était une sorte de début au point de vue de l'apostolat, car dans les discours précédents, l'application des vérités morales à cet auditoire particulier était beaucoup moins directe. L'abbé de Beauvais n'hésita pas à parler de la *Vérité* « sur ce théâtre, dit M. de Boulogne, si « fécond en écueils, où le succès dépend presque tou- « jours du jugement des courtisans, et par conséquent « de leurs intérêts ou des circonstances ; où l'on ne voit « presque jamais ce qui doit plaire ou offenser ; où sou- « vent les talents médiocres réussissent et où les plus

« grands sont quelquefois déconcertés(1). » L'orateur fut à la fois courageux par la pensée et réservé dans l'expression. « Divine Vérité, dit-il, faites que la bouche « des courtisans s'accoutume enfin à vous dire, et l'oreille « des princes à vous entendre; faites que nos maîtres « vous connaissent. » Et ailleurs : « Déplorons le malheur « de ceux qui sont à la tête des choses humaines. Voilà « donc leur triste apanage, d'avoir sans cesse autour « d'eux comme un combat et une émulation continuelle « à qui saura les tromper plus agréablement, à qui saura « mieux leur déguiser sous des mensonges flatteurs la « triste vérité! On exagérera les prospérités, on dimi- « nuera les malheurs; on empêchera les conseils des « sages et les gémissements des malheureux de parvenir « jusqu'à leurs oreilles. » Plus loin encore : « David, le « Bien-Aimé et l'honneur d'Israël, David avait oublié « tellement ce qu'il devait à son Dieu, à son peuple, à « son trône, à lui-même, qu'il s'était rendu coupable du « plus lâche et du plus cruel adultère. Mais, ô profondes « ténèbres que la passion répand dans les plus belles « âmes! David semblait ignorer son crime. Lui seul ne « sentait pas le malheur d'un état qui couvrait tout « Israël de confusion et de douleur : il faut que Dieu lui « envoie un Prophète pour l'avertir de son iniquité. » Combien grandit dans la chaire ce prêtre de trente ans! L'avertissement s'adresse à celui qu'en 1744, à l'époque de la maladie de Metz, le peuple avait surnommé le Bien-Aimé, mais qui depuis longtemps ne l'était plus, au prince qui faisait subir depuis longtemps à la reine de France le voisinage et la faveur scandaleuse de madame de Pompadour. La cour s'honora elle-même en goûtant le langage de l'abbé de Beauvais; la ville s'en entretint et, trois mois après, il prêchait devant l'Académie française le panégyrique de saint Louis.

(1) *Annales littéraires et morales.* Paris, 1804.

Va-t-il, comme d'autres, trahir son ministère? Il n'en est pas capable, mais il ne croira pas devoir se refuser à toute concession. Il dira qu'il ne vient pas, en admirateur enthousiaste, célébrer les anciens temps sans restriction; il avouera que les progrès de la raison depuis un siècle ont réformé les abus des temps de ténèbres; il sera heureux s'il peut montrer que saint Louis eut la gloire de posséder à la fois les vertus de son siècle, et des lumières dignes du dix-huitième. Cependant on retrouve l'apôtre de la vérité dans la force avec laquelle il montre l'abîme ouvert sous les pas du monde imprévoyant : « Hélas! s'écrie-t-il, le seul cours des événements « suffirait pour nous présager la chute de la puissance « et de la gloire de la nation. Ce ne sont point ici de « vaines terreurs : combien n'aperçoit-on pas de rapports « entre la révolution qui est arrivée dans nos mœurs et « celle qui présagea la chute du plus puissant des « empires? » Il invite enfin l'illustre compagnie à ne plus répandre la philosophie de l'esprit, qui, dit-il, « a « fait assez et trop de progrès parmi nous », mais la philosophie de l'âme, c'est-à-dire l'amour de la sagesse. Cette expression seule était un signe des temps, et le prédicateur expliquait son appel en avouant que désormais le ministère sacré conservait de l'autorité seulement sur le peuple fidèle, et que c'était d'après les principes de ses auditeurs que la partie la plus brillante de la nation entendait régler ses opinions et ses mœurs. Si cette invitation est une ironie, combien ne devait-elle pas être poignante pour le prêtre zélé!

Pendant les années suivantes, M. de Beauvais ne cessa de paraître dans les chaires des diverses églises de Paris, où il trouvait sans doute plus de consolations. En 1765, il fut désigné pour prêcher devant l'assemblée générale du clergé le panégyrique de saint Augustin. On ne le prononçait que tous les dix ans, et cette circonstance ajoutait à l'éclat d'une pareille mission. C'était de plus la seule occasion où un ecclésiastique du second ordre portât la parole devant la réunion des évêques de France. Le panégyriste se montra à la hauteur de sa tâche, et le procès-verbal de l'assemblée contient l'expression d'une haute estime pour lui. On y lit en effet : « L'assemblée, pour témoigner combien elle est satis« faite du discours prononcé par M. l'abbé de Beauvais, « a prié Mgr l'archevêque de Reims de le recommander « à Mgr l'évêque d'Orléans pour lui procurer les grâces « de Sa Majesté, qu'il mérite par ses talents et sa con« duite. » M. de la Roche-Aymon fit la démarche qu'on lui demandait auprès de M. de Jarente, alors ministre de la feuille des bénéfices, mais elle ne fut suivie d'aucun effet. Nous ne saurions d'ailleurs plaindre M. de Beauvais de cet oubli comme le fait son biographe M. de Sambucy, qui, à ce propos et en d'autres occasions, renouvelle dix fois ses anathèmes contre l'ingratitude des hommes. Le prédicateur n'avait alors que trente-cinq ans : il s'était fait une renommée qui ressemblait à de la gloire; ses vertus étaient honorées autant que ses talents, et son ministère aussi fructueux qu'il pouvait l'être en ce temps. Du reste, rien n'autorise à croire que l'ambition ait jamais troublé l'âme de M. de Beauvais.

Il prononça à Notre-Dame, le 13 mars 1766, sur l'invitation du roi, l'oraison funèbre du duc de Parme, don Philippe de Bourbon, époux de la fille aînée de Louis XV. Il s'essaya alors dans un genre qui lui valut ses plus beaux succès et où l'on peut dire qu'il fut presque seul à rappeler de son temps les beaux jours de l'éloquence. L'orateur se propose de montrer qu'il n'y eut point de meilleur prince que Philippe de Bourbon, qu'il n'y eut point d'homme meilleur. La première partie commence par un mouvement qui ne manque pas d'éclat. Il s'agit de ce coup extraordinaire de la fortune qui fit dire à Louis XIV : « Il n'y a plus de Pyrénées. » « Si l'arbitre « suprême des empires, s'écrie M. de Beauvais, eût prédit

« aux anciens souverains de la maison d'Autriche et de « celle de France les révolutions futures, comme il les a « prédites quelquefois par ses prophètes; si un nouveau « Daniel eût dit à ce fier vainqueur des Français qui « fit élever un monument si magnifique de la victoire de « Saint-Quentin : « L'Escurial deviendra le palais d'un « roi du sang de France; » si l'on eût dit à Henri le « Grand : « Cette puissance formidable qui veut vous ravir « l'héritage de vos ancêtres sera elle-même l'héritage « d'un Bourbon, et un autre de vos descendants succè-« dera à ce vaillant duc de Parme, le seul guerrier qui « puisse contrebalancer vos exploits », quel eût été « l'étonnement et la douleur de nos rivaux ! quelle eût « été la joie de nos rois à la vue de la grandeur future « de leur postérité! Voilà, Messieurs, le prodige qui « a signalé notre siècle : contre tous les projets de « l'ancienne politique, un Bourbon est assis au trône de « Charles-Quint. Ainsi Dieu, qui semble abandonner à « la prudence des hommes le cours des choses hu-« maines, en interrompt quelquefois l'ordre, afin d'avertir « l'univers qu'il est toujours le maître des événements. »

Un peu plus loin, l'orateur parle d'un autre mémorable événement qui annonçait de grandes destinées à son héros : « La seconde branche de la maison d'Autriche périt en « Allemagne, comme la première avait péri en Espagne. « Déplorable exemple de la fragilité des choses humaines ! « Cette maison puissante qui avait régné si longtemps sur « les plus riches régions de l'ancien et du nouveau « monde, et dont la Providence se servait pour balancer « l'univers avec la maison de France, « *Jusqu'à quel* « *temps, jusqu'à quel degré* »? disait, au siècle dernier, « dans une semblable cérémonie, le pontife éloquent qui « déplorait, d'un ton si sublime et si religieux, le néant « des grandeurs sur les tombeaux des héros de son siècle; « jusqu'à quel temps, jusqu'à quel degré? Dieu le sait, « ajoutait-il, et nous l'ignorons. Dieu, Messieurs, l'a ré-

« vélé à notre siècle : la maison d'Autriche n'est plus. » Il est impossible de rappeler et de citer plus heureusement Bossuet; et le commentaire que M. de Beauvais donne de ses paroles est d'une brièveté saisissante. M. Villemain convient que si notre orateur imite trop, du moins il imite souvent avec beaucoup d'art et de bonheur, mais il ajoute : « M. de Beauvais est trop faible pour « enlever quelque chose à Bossuet : la pensée qu'il « prend à ce grand orateur semble se décolorer et « s'éteindre en conservant encore quelque grâce. » Ce n'est assurément pas à un semblable passage que peut s'appliquer cette critique, juste d'ailleurs. Un heureux talent ne pouvait mieux reprendre la pensée d'un grand génie. Il nous semble encore qu'on pourrait regarder comme un modèle de nerveuse sobriété ce début de la seconde partie : « Combien d'hommes célèbres ont ébloui « de loin l'univers par l'éclat de leur gloire, et qui, vus « de plus près, ont étonné par la faiblesse de leur âme! « Un illustre guerrier de ces derniers temps en a fait « l'aveu : il n'est point de héros pour un orateur familier. « Il n'en sera pas de même, Messieurs, du prince à qui « nous rendons les derniers hommages. Je ne crains « point de vous ouvrir les portes de son palais, de vous « montrer jusque dans le secret de sa famille. Où la « gloire des autres finit, j'oserais commencer l'éloge de « Philippe. »

Cette oraison funèbre fut très applaudie; le jeune panégyriste voyait s'ouvrir devant lui une magnifique carrière. Mais il allait quitter Paris pour quelques années. L'abbé de Broglie, agent général du clergé, avait été nommé à l'évêché de Noyon et sacré le 22 juin 1766. Il choisit son ami pour vicaire-général, et lui donna un canonicat dans sa cathédrale. Il est intéressant de lire le portrait que les contemporains de M. de Beauvais tracent de lui à cette époque : « Il était impossible, dit « M. de Boulogne, de le voir de près sans s'attacher à

« lui : Une candeur presque enfantine, une âme aimante « et communicative, un grand fonds de bonté et d'indul- « gence, une gaieté agréable, mais toujours décente, une « aimable facilité à se prêter à tout ce qui ne sortait pas « des bornes du devoir; tel était son heureux naturel. « Aussi se fit-il autant d'amis dans la société qu'il en avait « dans la chaire, amis qui lui restèrent toujours tendre- « ment attachés. » La jeunesse de l'âme et du cœur était restée à M. de Beauvais, et ce fut l'attrait qui lui attacha M. de Broglie, doué lui-même d'une singulière aménité de mœurs. Le nouveau vicaire-général eut le droit de tout dire à son évêque; mais ce droit, il ne le surprit pas; il se l'entendit attribuer par son ami, et n'en usa jamais que pour le bien. L'évêque, de son côté, montra toujours un vertueux empressement à accueillir les remarques de son collaborateur et à en profiter. Il régnait ainsi entre ces deux véritables prêtres une pieuse et salutaire émulation. Le prélat ne se borna pas à faire entrer M. de Beauvais dans ses conseils privés, et à y donner la préférence à ses avis : il lui confia le soin de remplir auprès de ses diocésains les fonctions pastorales, dont une santé languissante lui interdisait d'affronter les fatigues, et pendant les sept années que le vicaire-général passa à Noyon, il parcourut les campagnes et évangélisa les populations. Il le fit avec un admirable succès, et le premier pasteur s'applaudissait de son choix en voyant que ce qu'il ne pouvait faire était fait par un autre, de façon à réaliser ou même à prévenir tous ses pieux désirs. Ici le détachement du chef dépasse encore le mérite des efforts de son vicaire.

Cependant Paris et la cour n'avaient pas oublié le prédicateur qu'ils aimaient. Il fut invité à donner la station de l'Avent en 1768 dans la chapelle du château de Versailles, et cette fois il s'appliqua à choisir des sujets plus élevés qu'à l'ordinaire. On y remarque en effet des discours sur la vie future, sur la piété envers les morts, à côté de ceux qui ressemblent encore aux anciens, et qui traitent du luxe, de l'éducation, du bonheur. En général les sermons de cet Avent sont assez ternes, et quoiqu'on ait loué M. de Beauvais d'avoir montré une sainte liberté de langage, on ne peut s'empêcher de remarquer que l'éloge n'est pas cette fois assez justifié. Du moins la doctrine est partout élevée et le langage plein de dignité. M. de Beauvais fut accueilli avec empressement, pendant son séjour à Paris, et dans les familles de Broglie, de Noailles, de Mouchy, de Duras, il devint l'ami de la maison, l'hôte préféré. Il retrouva aussi de vieilles amitiés qu'il mit à profit avec sa simplicité ordinaire, en leur demandant les conseils de l'expérience. Personne ne lui était plus cher que l'abbé de Malvaux, dont M. Gallard a fait ce bel éloge dans le panégyrique de l'évêque de Senez : « Ce fut à Saint-Nicolas du Chardonnet que l'abbé « de Beauvais trouva un ami selon son cœur. Un jeune « homme né avec un esprit pénétrant, une sensibilité « profonde, et qui avait, je ne dirai pas l'amour, mais la « passion de la vertu, l'abbé de Malvaux, s'unit à lui par « des liens que ni le temps ni la mort elle-même n'eurent « le pouvoir de rompre (1). » L'orateur qui parlait ainsi ne pouvait se nommer lui-même, mais en réalité il partagea avec M. de Malvaux, en même temps que l'amitié de M. de Beauvais, la charge de le soutenir, de l'avertir, de participer à ses travaux et de les juger avant l'épreuve publique, précieux appui sollicité ou reçu d'un côté, offert ou accordé de l'autre avec un égal empressement.

En 1773, M. de Beauvais prêcha le carême dans la chapelle du château de Versailles. Il ne jeta jamais plus d'éclat qu'à ce moment de sa vie : cette année et la suivante furent pour lui l'époque de l'épreuve décisive où il grandit de cent coudées. Il ouvrit la station par un ser-

(1) L'abbé Gallard, *Oraison funèbre de M. de Beauvais.*

mon sur la parole de Dieu où, comme s'il avait voulu préparer son auditoire à de terribles leçons, il avoua son effroi : « Ma voix tremblante, mes genoux chancelants « trahissent malgré moi le trouble de mon âme. Plaise à « Dieu que ce soit la crainte de compromettre sa gloire « par ma faiblesse, et non une profane inquiétude qui me « fasse frémir. » Cependant l'orateur, qui consacrait tout son zèle au diocèse de Noyon, avait été pris un peu au dépourvu par l'invitation royale. Aussi fut-il obligé de recourir à d'anciens travaux et de donner quelques sermons, comme celui de la dispensation des bienfaits, qui affligent par la médiocrité de la doctrine et leurs insignifiantes applications. Mais il parla avec une énergie éloquente du néant des choses humaines, du délai de la conversion, de la misère des pauvres, de l'immortalité de l'âme et de la vie future. Dans le premier de ces discours, on trouve cette hardie prophétie : « Quelles ne « doivent pas être nos alarmes pour le sort futur de « cette monarchie ! Elle, dont la durée a déjà surpassé « celle de tous les empires connus, cette monarchie qui « parut monter, le siècle dernier, au plus haut degré de « sa gloire, serait-elle donc arrivée à son âge de lan- « gueur et de caducité ! » Et Louis XV était assis en face de la chaire quand ces paroles en tombèrent ! Le dernier renferme d'admirables mouvements, entre autres celui-ci : « Le jour du jugement est fini ; on ne compte plus ni « les siècles ni les heures ; le temps a fui devant l'éter- « nité. Une voix s'est fait entendre, la même voix qui dit « sur le Calvaire : « *Consummatum est.* » O révolution « terrible qui doit faire frémir la nature ! Chrétiens, si « Dieu m'ordonnait en ce jour de vous la prédire pour la « fin de la génération présente, de vous annoncer la fin « de l'univers et le dernier jugement, s'il autorisait ma « prédiction par des prodiges, quel effroi je répandrais « tout à coup au milieu de vous ! Vous ne verrez point « les astres se détacher des cieux et embraser la nature,

« mais l'univers sera pour vous comme s'il n'existait « plus. Eh ! que vous importe après votre trépas, que le « soleil éclaire votre tombe, ou qu'il soit lui-même « éteint ! Vous ne serez point jugés solennellement à la « face des nations, mais vous allez subir un jugement « aussi sévère et aussi irrévocable. » Le compliment que l'orateur adressa au roi le jour de Pâques jeta l'auditoire, dit un contemporain, dans une sorte de stupéfaction. « Mon Dieu, dit-il, au milieu de tous les maux qui « affligent la religion et l'humanité, nous nous bornons « en ce jour à un vœu unique. Sauvez le roi, et la reli- « gion va reprendre sa première splendeur, les mœurs « publiques vont recouvrer leur pureté et leur inno- « cence ; la nation va voir refleurir les anciennes vertus « et l'antique honneur des Français. Sauvez le roi, c'est « le cri universel du peuple. Que Louis ressuscite avec « Jésus-Christ, qu'il ressuscite en ce jour, en ce moment, « et la nation entière va ressusciter avec son maître. « Mon Dieu, sauvez le roi, et tout est sauvé. » Hélas, rien ne devait l'être, ni le roi, ni la France ; on était alors aux derniers jours d'un triste règne, et le mal était accompli, mais honneur au prêtre courageux que l'accomplissement d'un devoir n'effraya jamais !

M. de Beauvais semblait mûr pour l'épiscopat. C'était la pensée de tout le monde, et le maréchal de Broglie, secondé de Mesdames Adélaïde, Victoire et Sophie, filles du roi, travaillait à la réaliser. Pourtant on n'offrit d'abord au prédicateur qu'un canonicat à la Sainte-Chapelle, avec la mission de prêcher le sermon de la Cène l'année suivante. Il se tint à l'écart, sa tâche remplie, sans fiel comme sans désirs, uniquement préoccupé de ses devoirs. Sur ces entrefaites, l'évêché de Senez se trouva vacant, et ses protecteurs multiplièrent les instances auprès du roi pour obtenir sa nomination. Mais un préjugé funeste s'était établi, dont on se prévalut contre M. de Beauvais. Sous Louis XIV, Mascaron, Fléchier, Bossuet ;

sous le Régent, Massillon, tous entachés de roture, avaient été élevés, au milieu d'un applaudissement universel, aux honneurs de l'épiscopat, et pourtant quel siècle plus que le leur fut jamais jaloux de l'illustration de la race ? Dans la génération suivante, tandis que le véritable respect pour la noblesse s'affaiblissait, la cour afficha pour elle une sorte de superstition. A l'époque dont nous parlons, c'était un événement depuis longtemps inouï que l'entrée d'un homme sans naissance dans le corps épiscopal, et quand il fut question de M. de Beauvais, qui prétendait seulement à une origine bourgeoise, on cria à l'intrusion. Cependant le ministre de la feuille avait déjà résolu de faire cesser l'abus dont souffrait l'église de France. Si la noblesse n'avait fait que l'emporter, à mérite égal, dans la distribution des dignités ecclésiastiques, on n'eût pu s'en plaindre. « Le « corps des évêques, dit Voltaire, était presque tout « composé de gens de qualité, qui pensaient et agissaient « avec une noblesse digne de leur naissance. » Mais Voltaire parlait d'une époque un peu antérieure. « Au milieu « du XVIIIe siècle, écrit au contraire M. de Boulogne, le « mal réel était que les ancêtres tenaient lieu de mérite, « dans ce que les places saintes étaient le patrimoine ex- « clusif d'une classe privilégiée que l'on accoutumait par « là à compter les titres pour tout, et la vertu pour « rien (1). » Le cardinal de la Roche-Aymon était disposé à appuyer les nobles protectrices de M. de Beauvais, quand celles-ci, inquiètes de l'opinion, consultèrent l'évêque de Carcassonne, M. de Bezons, dont la réponse suffit à sa louange : « Mesdames, dit-il, sachez qu'un « homme qui, comme M. l'abbé de Beauvais, appartient, « par son mérite, aux Bossuet, aux Bourdaloue, aux « Massillon, peut le disputer aux plus nobles familles du « royaume. » Le ministre de la feuille lui fit la même

(1) *Annales littéraires et morales*, Notice sur M. de Beauvais.

question, il répondit encore : « Si je croyais que la no-« blesse fût la principale condition requise pour l'épis-« copat, je foulerais ma crosse aux pieds et je renonce-« rais à la dignité dont je suis revêtu. « Toutes les résistances furent vaincues par d'aussi nobles paroles, et Louis XV signa la nomination de M. de Beauvais à l'évêché de Senez. Le roi se montra presque magnanime en n'étant que juste, car le nouveau prélat avait assez prouvé qu'il n'était point un courtisan. « Cela prouve, fait remarquer M. J. Chénier, qu'on peut réussir à la cour, même en faisant son devoir. »

II

M. DE BEAUVAIS DEPUIS SON ÉLÉVATION A L'ÉPISCOPAT JUSQU'A SA MORT

Le nouvel évêque de Senez fut sacré le 20 mars 1774. Onze jours après il prêcha devant le roi le sermon de la Cène. Ce discours est resté fameux ; la douce voix de l'orateur sacré retentit ce jour-là comme une trompette du jugement dernier. Quelle force ! quel éclat ! Écoutons ces accents terribles : « Sire, mon devoir de ministre du « Dieu de vérité m'ordonne de vous dire que vos peuples « sont malheureux, que vous en êtes la cause, et qu'on « vous le laisse ignorer. » Et ailleurs : « Salomon, ras-« sasié de voluptés, alla chercher dans les vils restes de « la corruption publique un nouvel aliment à ses pas-« sions. » Et, au sortir de la chapelle, celui qui venait de faire entendre un pareil anathème pouvait rencontrer madame du Barry ! Mais surtout écoutons cet appel à la justice de Dieu, appel extraordinaire comme le rendez vous donné par Jacques de Molay à Philippe le Bel : « *Adhuc quadraginta dies*. Encore quarante jours, disait

« le prophète Jonas; et Ninive sera détruite. La parole « parvient jusqu'au roi de Ninive. Il se dépouille de sa « pourpre, il se prosterne sur la cendre; les grands qui « l'environnent suivent son exemple, et tout le peuple « implore dans les jeûnes et les larmes la clémence du « ciel. Chrétiens, je viens aussi proclamer au milieu de « vous: « Encore quarante jours! Hélas! nous ne pou- « vons espérer de voir se renouveler ici l'heureuse réso- « lution qui changea tout à coup toute la ville de Ninive. « Mais personne ne serait-il ébranlé, échapperiez-vous « tous à nos efforts! O vous du moins qui entendez au- « jourd'hui la voix de la grâce (peut-être est-ce pour la « dernière fois), n'endurcissez pas vos cœurs. Mon « Dieu, j'ose vous implorer encore plus particulièrement « pour ceux dont l'exemple plus éclatant entraînerait un « plus grand nombre d'imitateurs. Faites qu'ils donnent, « comme autrefois les chefs de Ninive, le signal de la ré- « forme et de la pénitence (1). » M. de Sambucy dit à propos de ce passage: « Ce coup de tonnerre retentit « avec éclat au fond des cœurs, et l'on croyait encore « en entendre l'écho longtemps après.» Il n'est pas vrai, comme on l'a dit, que tous les partis sans exception aient applaudi à la véhémente éloquence de l'évêque. Soulavie, qui a publié les mémoires du maréchal de Richelieu, prétend que l'abbé de Beauvais était entré dans un complot des prêtres qui voulaient convertir le roi et renvoyer madame du Barry, afin de reprendre l'influence qu'ils avaient perdue. Il y avait assurément

(1) Le sermon de la Cène ne nous est point parvenu. L'abbé Gallard, ami et panégyriste de M. de Senez, enfin éditeur de ses œuvres, ne l'y a point inséré, on ignore pourquoi. Peut-être a-t-il été détruit. Les premiers passages que nous en avons cités sont restés dans la mémoire des contemporains ; quant à la célèbre adjuration, nous l'avons retrouvée dans le sermon sur la *Conversion*, auquel l'éditeur, qui ne voulait pas la laisser perdre, l'a sans doute adaptée. Cependant M. J. Chénier prétend que ce mouvement oratoire était familier à M. de Senez, et qu'il l'a répété plusieurs fois devant la cour.

complot, mais il ne se tramait que pour l'honneur de la France, et la nation entière, accablée de dégoût, était complice. Soulavie ajoute : « Le roi, qui était effrayé, disait sans cesse au maréchal de Richelieu : « Je ne serai tran-« quille que lorsque ces quarante jours seront pas-« sés (1). » Mais toute l'énergie du prédicateur n'avait pu éveiller chez le roi que la peur, non le remords. Il mourut d'ailleurs, le 10 mai, le quarantième jour après le sermon de la Cène, et M. de Beauvais fut chargé de prononcer son oraison funèbre. L'orateur, dans son exorde, rappela ce mouvement oratoire qu'on pouvait dès lors appeler une prédiction. « Quand j'annonçais, il y a peu de temps, « la divine parole devant votre auguste aïeul, quand je « lui parlais de son peuple, et que son cœur paraissait si « touché de la misère publique, dit-il, en s'adressant « au nouveau roi, hélas! qui eût prévu le coup terrible « dont il était menacé? Déjà le glaive invisible de la mort « était donc suspendu sur cette tête auguste! Hélas ! qui « eût pensé que nous aurions pu lui dire alors dans un « sens si littéral? encore quarante jours, *adhuc qua-* « *draginta dies*, » et vous serez porté dans le sépulcre « de vos pères, et cette même voix que vous entendez en « ce moment sera l'interprète du deuil de notre peuple « à vos funérailles. » On a jugé bien diversement ce passage. M. de Boulogne le trouve d'une magnificence presque bossuétique; c'est trop dire. Il y a des comparaisons accablantes pour les plus beaux talents. D'autres juges l'ont presque accusé d'inconvenance, parce que l'orateur se met en scène, mais ceux-là ont trop oublié Bossuet : « J'étais donc encore destiné à rendre ce de-« voir funèbre à très haute et très puissante Henriette-« Anne d'Angleterre, duchesse d'Orléans! » Quel critique a reproché à l'évêque de Meaux cette effusion dans l'éloquence? Il nous semble que l'évêque de Senez a surtout

(1) *Mémoires du maréchal de Richelieu*, édit. Didot, t. II, chap. LXXXI.

voulu se justifier d'avoir solennellement condamné le roi au nom de Dieu et d'avoir prophétisé : il atteste qu'il a seulement conjuré le roi de se repentir. Mesdames, filles du roi, furent pourtant blessées. Leur scrupule filial est trop respectable pour qu'on le discute, mais aussi quelle horrible tâche que celle de prononcer l'oraison funèbre de Louis XV ! Il ne saurait y avoir ici d'éloquence humaine qui fasse tout plier devant elle : toujours elle se heurtera, soit à un légitime amour, soit à une non moins légitime aversion. Pourtant l'orateur, conseillé à la fois par son cœur et sa raison, avait fait un éloge éclatant et plein d'émotion des trois sœurs ; mais l'apôtre avait à tirer, pour l'instruction du peuple chrétien, « *de grandes et de terribles leçons* » des égarements d'un roi. Il ne pouvait sacrifier les droits de la vérité et de la religion. Aussi régna-t-il dans ce discours une liberté apostolique qui, sur les lèvres d'un homme connu pour son exquise douceur, remplit l'âme d'une profonde admiration. Lisons ce tableau des premiers moments qui suivirent la mort de Louis XV : « Le roi expire au milieu des horreurs « d'une maladie cruelle ; son corps est frappé de la cor- « ruption anticipée du tombeau ; privé dans les premiers « instants, comme celui du malheureux Osias, des hon- « neurs funèbres et emporté précipitamment, sans « pompe, sans appareil, à travers les ombres de la nuit. « Dieu terrible, soyez béni des sentiments de pénitence « que vous avez inspirés au roi dans ses derniers jours ! » Est-ce là une éloquence d'apparat? Thomas disait vers la même époque : « Un goût de vérité général s'est ré- « pandu : moins il y en a dans nos mœurs, plus on en « exige dans les écrits. Le mot célèbre de Malebranche : « *Qu'est-ce que cela prouve ?* est presque le mot du « siècle. Les panégyriques doivent donc être tombés : « on lit beaucoup moins d'oraisons funèbres (1). » Le

(1) Thomas, *Essai sur les Éloges*, chap. XXXVIII.

dix-huitième siècle pouvait lire celle-là ; il voulait de la vérité : en voilà, et de la plus rare dans la bouche des hommes ! M. de Beauvais parla devant tous les courtisans du dernier règne, et combien n'y en avait-il pas dans son auditoire qui avaient à courber la tête sous cet anathème : « Que dirai-je de ceux qui ne rougissent « pas de fléchir le genou devant les idoles que les princes « ont élevées ? O opprobre, ô avilissement des cours ! « Diront-ils qu'ils ne peuvent refuser cette déférence à « leurs maîtres ? Le sage sait honorer ses maîtres sans « honorer leurs passions, et les titres les plus éclatants « seraient flétris à ses yeux, s'il les devait à une média- « tion indigne de sa gloire et de sa vertu. Quelle dange- « reuse illusion pour un prince de voir les noms les plus « illustres de son empire autoriser et ennoblir ses fai- « blesses par la bassesse de leurs hommages ! » Ils avaient certes un front d'airain, tous ceux qui avaient mendié la faveur de madame de Pompadour et de madame du Barry, s'ils n'ont pas rougi de honte. A la lecture de ces paroles si simples, si dénuées de tout appareil oratoire, on ressent pourtant le frisson de l'admiration. Le génie de Bossuet s'élève bien plus haut ; mais cette âme est égale à la sienne. Veut-on d'ailleurs entendre une mâle éloquence ? Qu'on écoute M. de Beauvais prononçant, pour déplorer la désaffection croissante autour de Louis XV, ces paroles superbes et pleines de gravité : « Les peuples n'ont pas sans doute le droit de « murmurer, mais sans doute aussi ils ont le droit de se « taire, et le silence des peuples est la leçon des rois. » Mirabeau a répété les dernières, et l'écho a été plus retentissant que la voix même. En somme ce discours, qui renferme de si belles parties, est surtout une grande action. Ce n'est guère qu'en le lisant qu'on peut s'expliquer cette phrase de Palissot : « M. de Beauvais est l'ora- « teur qui me paraît s'être approché le plus de cette « éloquence mâle et nerveuse que l'on admire dans

« Bossuet (1). » Mais, nous l'avons dit, cette fois l'évêque ne put être courageux impunément : ses illustres protectrices se plaignirent qu'il eût dépassé la mesure. On essaya de défendre M. de Beauvais devant les princesses. Il dit à ses amis : « Ne cherchez pas à me justifier. Je « n'ai eu en vue, il est vrai, que mon devoir, mais j'ai « blessé : donc j'ai eu tort. » Les filles du roi ne furent pas seules à se plaindre. On parla encore d'intrigue, on y mêla le nom de M. de Beaumont, archevêque de Paris : on calomnia le zèle le plus pur. La résignation de l'évêque de Senez fut admirable.

Du reste, il ne tarda pas à quitter Paris. Il se devait à son diocèse, il en prit possession avec joie, comme il fut accueilli avec enthousiasme. L'évêché de Senez était l'un des plus petits du royaume, qui, à cette époque, en comptait plus de cent trente, répartis d'une manière fort inégale. Dans le Centre et le Nord, les circonscriptions des diocèses étaient en général plus étendues, et plusieurs d'entre eux n'étaient guère moins considérables qu'ils ne le sont aujourd'hui. Mais les provinces du Midi comptaient à elles seules autant de prélats que le reste de la France. Dans le département actuel de Vaucluse et autour d'Avignon, Orange, Apt, Carpentras, Cavaillon, Vaison, étaient des villes épiscopales, sortes d'évêchés suburbicaires à l'époque du séjour des papes. Dans le voisinage, se trouvaient Viviers, Uzès, Nîmes, Arles, Aix, Riez et Senez. La population des territoires soumis à la juridiction de treize évêques ne devait guère dépasser six cent mille âmes. Senez n'a aujourd'hui que six cents habitants. On conviendra aisément qu'au point de vue humain, l'un des orateurs les plus vantés de son siècle n'était pas magnifiquement récompensé. Mais M. de Beauvais était au-dessus des calculs grands ou petits de

(1) Palissot, *Mémoires pour servir à l'histoire de la littérature*, t. IV.

l'ambition, et il apporta à ses diocésains un cœur qui leur était à l'avance tout dévoué. Il se préparait à faire sa première visite pastorale, en 1775, quand la province ecclésiastique d'Embrun le chargea de la représenter à l'assemblée générale du clergé. Il revint donc à Paris, et fut désigné pour prononcer le discours d'ouverture. Le procès-verbal de la séance contient cette phrase : « Mgr l'évêque de Senez a rempli le plan de son discours « sur l'union des deux puissances avec la majesté conve- « nable à la circonstance et au sujet, et avec l'éloquence « noble et persuasive qui lui est propre. » Les adversaires que M. de Beauvais s'était faits sans le vouloir lui adressèrent une lettre pleine d'une ironie pesante et grossière sur laquelle il n'y a pas lieu de s'arrêter. Leurs félicitations ne valaient pas mieux que leurs reproches : devant les uns et les autres, l'orateur garda le silence. On le louait « de n'avoir pas lancé d'invectives « usées contre des novateurs chimériques », et on lui rappelait « ce qu'il y avait de répréhensible dans son « oraison funèbre du roi » : tout cela portait à faux ; M. de Beauvais n'avait pas plus oublié son devoir cette fois qu'il n'avait précédemment outre-passé ses droits.

Cette année-là, l'abbé Maury fut chargé de prononcer le panégyrique de saint Augustin. Il honora son caractère par une allusion délicate au nouvel évêque, son rival dans la chaire, mais aussi son aîné : « Vous avez déjà pu re- « marquer, messeigneurs, dit-il, que saint Augustin fut, « selon l'usage de son siècle, un de ces pontifes élevés au « plus éminent caractère de consécration qu'imprime l'Es- « prit-Saint, par la seule supériorité reconnue de leur « mérite, je veux dire (et il se tourna du côté de M. de « Senez) un de ces prélats qu'un aveugle préjugé croit « peut-être abaisser, mais qu'il rehausse encore sans le « vouloir, en les appelant des hommes de fortune, tandis « qu'ils sont les seuls évêques au contraire pour qui la « fortune n'ait rien fait. » La chute était trop brusque et l'assimilation assez peu heureuse, mais l'intention n'en était que plus accusée, et, sans croire, comme on l'a dit, que l'assemblée ait été « électrisée par ce trait d'éloquence », on ne peut refuser à cet hommage public une importance toute particulière. Les évêques présents s'y associèrent avec empressement, et ce fut un témoignage de la considération qu'ils accordaient à leur nouveau collègue. On a souvent répété qu'ils n'avaient jamais daigné le traiter comme un de leurs pairs. C'est une invention des détracteurs de l'ancien clergé : tout ce qu'on sait de leurs rapports contredit ces propos. Jamais les évêques ne tinrent rigueur à M. de Senez; jamais il ne chercha à faire oublier sa condition, et dans le sermon de la Cène, au moment où il savait quels obstacles rencontrait son élévation, il eut la noblesse de dire que, sorti du peuple, il en connaissait mieux qu'un autre les misères.

Quand les travaux des députés du clergé furent terminés, l'évêque de Senez retourna dans son diocèse, et il l'administra pendant huit ans avec un zèle plein de mansuétude qui fit encore une fois rappeler, à propos de son nom, celui de l'archevêque de Cambrai. Il vivait à Castellane (1), dans la plus grande simplicité; ses mains étaient sans cesse ouvertes pour répandre des bienfaits et des aumônes, bien que ses revenus fussent singulièrement modiques. Son diocèse, composé de trente paroisses seulement, était un des plus pauvres de France. Il ne se lassait pas de le visiter, de parler à son peuple et de le consoler. Il entrait dans les chaumières, il recevait dans son palais avec une égale facilité, « toujours il regrettait, « dit M. de Sambucy, de ne pas entendre suffisamment « le langage des paysans, et de ne pouvoir leur faire entendre le sien, pour épancher avec eux son âme simple « et naïve. » Il était vraiment le père de son clergé; son

(1) Cette ville était le lieu de résidence des évêques de Senez.

chapitre était appelé à donner un avis dans les mesures proposées au conseil épiscopal, et M. de Beauvais montra toujours une affectueuse déférence pour les anciens du sanctuaire. Les curés des paroisses aimaient à venir lui parler de leurs travaux, de leurs peines et de leurs joies, parce qu'ils étaient sûrs d'être écoutés avec le plus paternel intérêt, et de ne s'en retourner que remplis d'une nouvelle ardeur. En un mot, nul mieux que l'évêque de Senez n'a mérité l'éloge dont il a honoré son ami l'évêque de Noyon, en disant de lui : « Jamais premier pasteur « ne s'est montré davantage le collègue des prêtres. »

Vers le commencement de son épiscopat, en 1776, M. de Beauvais se trouva engagé malgré lui dans une fâcheuse querelle. Depuis un certain temps, on avait formé le projet de supprimer quelques-uns des évêchés du Midi, sans doute pour la raison dont nous avons parlé. L'évêché de Digne devait être réuni à celui de Senez. Mais on ne paraissait pas s'être préoccupé de la situation future des chanoines de Digne, ni des établissements qui relevaient d'un évêché fondé depuis treize siècles. Aussi l'émotion fut-elle considérable dans tout le clergé ; elle fut encore accrue par les longs délais qu'on apporta à l'examen de cette question, et M. de Beauvais, malgré l'accroissement que devait recevoir sa situation, n'hésita pas à sacrifier cette espérance pour le bien de la paix. Il se retira de ces débats, et vit avec plaisir M. de Bausset, le futur historien de Bossuet et de Fénelon, chargé de l'administration du diocèse de Digne et du soin de pacifier les esprits.

M. de Beauvais ne quitta jamais sa résidence, comme le faisaient des pasteurs moins scrupuleux, pour venir à Paris et à la cour chercher les distractions de la vie extérieure. Mais, dans sa province lointaine, il était demeuré l'un des plus éloquents orateurs dont l'Eglise pût emprunter la voix, et il fut rappelé en plusieurs circonstances mémorables. Le 24 avril 1776, il prononça dans la chapelle des Invalides l'oraison funèbre du Maréchal de Muy, ministre de la guerre, intime confident du père de Louis XVI. Ce discours nous offre encore des traits admirables d'énergie apostolique, celui-ci par exemple : « Dans un siècle qui semble toucher au dernier degré « de la dépravation, où les erreurs deviennent des prin-« cipes, où les vices deviennent les mœurs (1), quel spec-« tacle qu'une âme qui a pu échapper aux illusions de « ses contemporains, et conserver, au milieu des ruines « de son siècle, toute l'austérité des anciennes mœurs, « toute la rigidité des anciens principes! Tel l'histoire « nous représente, dans la décadence d'un grand empire, « cet homme fameux par la constance de sa vertu, et « qui fut surnommé le dernier des Romains. Hélas! celui « que nous venons de perdre aurait-il encore avec lui « cette fatale ressemblance, et pleurerions-nous en ce « jour sur le tombeau du dernier des Français? » Quelle force la vérité donne à cette voix faite pour exprimer la miséricorde!

Vers l'automne de 1777, M. de Beauvais accourut à Noyon pour recueillir le dernier soupir de l'évêque qu'il avait tant aimé, et il y revint l'année suivante pour rendre du haut de la chaire un hommage suprême à cette chère mémoire. Le service anniversaire devait être célébré en septembre 1778, mais le maréchal de Broglie était appelé à prendre le commandement de l'armée. C'était au moment où la cour d'Autriche et Frédéric II se disputaient l'alliance française, et où nos troupes semblaient à la veille de passer le Rhin. Pour que le chef de la famille ne fût pas absent, l'oraison funèbre fut prononcée le 7 juillet, dans la cathédrale de Noyon. L'évêque de Senez laissa parler son cœur. Quand il avait lancé de rigoureux avertissements, porté des jugements sévères, il avait obéi à

(1) « *Ubi quæ fuerunt vitia, mores sunt.* » Trait emprunté à la peinture de la décadence romaine.

un austère devoir ; cette fois il lui était doux de faire entendre le langage de l'affection et du respect. C'était le penchant naturel de son éloquence, et jamais éloquence n'eut à exprimer des sentiments plus profondément gravés dans l'âme de l'orateur. Cette âme était reconnaissante : elle avait à célébrer un protecteur ; cette âme était tendre, elle avait à déplorer la perte d'un ami. Comment n'eût-elle pas été heureusement inspirée ? Aussi l'éloge funèbre de l'évêque de Noyon compte-t-il parmi les œuvres les plus remarquables qu'on puisse citer après celles des grands maîtres de l'art. On ne saurait surtout lire sans émotion l'exorde et la péroraison, où le cœur de M. de Beauvais s'épanche, comme des yeux pleins de larmes ont besoin de les laisser jaillir. Il fit éclater les mêmes transports d'attendrissements dans l'oraison funèbre de M. Léger, son plus ancien ami, son guide préféré. Ce saint prêtre était mort depuis sept ans, et la reconnaissance publique lui avait élevé un monument funèbre dans son église paroissiale. Mais ses nombreux élèves, dont plusieurs occupaient des sièges épiscopaux, voulurent que sa mémoire reçût un hommage plus éclatant. M. de Beauvais fut choisi pour le lui rendre, comme le plus digne, comme le plus aimé du maître. La cérémonie eut lieu le 17 août 1781, en présence d'une foule de prélats, de curés de Paris et de fidèles. La noble figure du curé de Saint-André des Arts sortit de l'ombre où la modestie l'avait volontairement dissimulée, et ceux qui l'ignoraient apprirent que le plus beau des spectacles est la vie d'un saint prêtre (1). L'orateur était encore plus profondément remué, s'il est possible, qu'en parlant de l'évêque de Noyon. « Aussi, nous dit un contemporain, « lorsque le prélat, vers la fin de son exorde, laissa « parler sa douleur : « O mon ami, ô mon maître, ô mon

(1) On a toujours cru, au XVIIIe siècle, que, dans son drame de *Mélanie*, composé en 1770, la Harpe avait emprunté les traits de M. Léger pour représenter un prêtre vertueux.

3.

« père, *pater mi*, *pater mi*, l'émotion fut si vive et les « larmes si sincères qu'elles furent tout à la fois l'éloge « de l'orateur et celui du défunt, c'est-à-dire le triomphe « de la vraie éloquence, selon la belle expression de « saint Jérôme : *Lacrymæ tuæ laudes sunt.* » Cet exorde n'est d'ailleurs pas tel qu'on l'aurait attendu du talent délicat et surtout du tendre cœur de M. de Beauvais. Il est assez froid jusqu'au moment où l'orateur s'écrie : « O « mon père, mon père, s'écriait le disciple d'un prophète « au moment où son maître fut enlevé de la terre, *pater* « *mi, pater mi*, ô vous qui m'aviez tenu lieu de père de- « puis mon enfance, vous qui m'avez aimé si tendrement, « recevez l'hommage solennel que je vous offre au nom « de tous vos disciples, au nom de tout votre peuple. » Telles furent les grandes journées de M. de Beauvais. Ce fut par ces beaux discours qu'il mérita d'obtenir, vingt ans après sa mort, cette louange délicate de M. Villemain : « Il ne lui manque de l'éloquence que les parties les plus « hautes. Puisqu'il faut descendre en quittant Bossuet, « ne nous arrêtons du moins que sur ces ouvrages où la « sagesse remplace l'inspiration, et, si nous ne pouvons « plus espérer le sublime, cherchons toujours la raison, « l'émotion et le goût (1). » Marie-Joseph Chénier dit aussi de notre orateur : « Il approche quelquefois de l'élévation « de Bossuet dont il n'a jamais l'énergie et la profon- « deur ; il atteint presque à la douceur de Massillon, sans « connaître et distribuer comme lui toutes les richesses « de l'art d'écrire. On lui souhaiterait plus de couleur « et de forme, mais il communique les émotions qu'il « éprouve, et, depuis ces deux grands modèles, aucun « orateur n'a mieux saisi le ton noble et persuasif qui « convient à l'éloquence de la chaire (2). »

L'année suivante encore, en 1782, l'évêque de Senez

(1) Villemain, *Essai sur l'oraison funèbre*, édit. princeps, 1812.

(2) M.-J. Chénier, *Tableau historique de l'état et des progrès de la littérature française, depuis 1789.*

fut député à l'assemblée du clergé par la province d'Embrun, et il prononça pour la seconde fois le discours d'ouverture. Il fut ensuite chargé de la rédaction d'une lettre au pape Pie VI, pour solliciter la béatification de madame Acarie, et de la révision de l'Épître dédicatoire de la Bible publiée par Didot. Il ne put rentrer dans son diocèse que vers le commencement de l'année 1783. Mais il y apporta de vives préoccupations. Attaché à ses devoirs, aimé de ses diocésains qu'il aimait, il ne pouvait se dissimuler qu'il ne leur appartenait plus. Sans doute il ne s'éloignait de son troupeau que pour répondre à d'impérieuses nécessités; c'était à peine s'il paraissait à la cour, et il ne recherchait pas le monde : quand il revenait à Paris, c'était pour rendre d'éminents services à l'Église, mais, quelle que fût la cause de l'exemple offert par sa conduite, il ne le voulait plus donner. On l'avait prié de faire un discours sur le devoir de la résidence pour les évêques ; il l'avait composé, mais comment le prononcer? Il sentait son autorité diminuée, et pourtant lui était-il possible, dans l'avenir plus que dans le passé, de se soustraire au vœu de tous? Avait-il à se reprocher une seule complaisance mondaine? Il résolut enfin de donner sa démission, et il la fit agréer par Louis XVI en 1783. Sa conduite ne fut pas comprise comme elle aurait dû l'être. De semblables scrupules ne sont pas accessibles au commun des âmes, mais on regrette surtout de voir M. de Boulogne supposer que M. de Beauvais ait pu ressentir un vulgaire et coupable ennui dans l'accomplissement de ses devoirs épiscopaux. « Il voulut sans « doute, dit-il, se rendre plus utile à l'Église auprès du « vertueux pontife qui occupait alors le siège de Paris, « et donner à ses talents un théâtre qui leur convînt bien « plus que les montagnes de la Provence et un petit « diocèse où ils étaient comme perdus. » Toute la vie de M. de Beauvais dément cette dernière supposition : quand la conduite d'un homme vertueux s'explique par de vertueux motifs, il est inutile et injurieux d'en chercher d'autres.

Nous voici entrés dans la dernière période de la vie de M. de Beauvais. Il revint à Paris et fut appelé par M. de Juigné, qui l'aimait, qui avait été son condisciple à Saint-Nicolas du Chardonnet, à faire partie du conseil archiépiscopal. On y comptait alors nombre d'hommes d'une science et d'une vertu éprouvées : MM. Asseline, Chevreuil, de Launay, Desplasses, de la Hogue, Dubois-basset, Émery, de Dampierre, de Floirac, d'Argent, Revers, Plunkett et Charlier ; bientôt l'ancien évêque de Senez en devint l'âme. Il y avait beaucoup de vie et de mouvement dans ces réunions : on y discutait à la fois avec ardeur et avec maturité de nombreux projets ; on y cherchait, sous l'inspiration du chef du diocèse, les moyens les plus propres à satisfaire d'immenses besoins, à combattre les progrès croissants de l'irréligion. On ne se bornait point à de stériles réflexions. MM. Revers, Plunkett, Charlier furent chargés de rédiger le *Pastoral* du diocèse ; M. Émery, de relever dans le séminaire de Paris les études et la discipline ecclésiastiques ; MM. Asseline et de la Hogue, professeurs en Sorbonne, de raviver dans cette école célèbre l'émulation qui languissait, et de donner des instructions fréquentes dans les collèges de l'Université ; l'abbé Gallard leur fut associé avec la mission d'instruire les élèves de l'école militaire. M. de Beauvais saisit avec empressement toutes les occasions qu'il rencontrait d'exercer son zèle. On pouvait craindre qu'ayant brisé le lien qui l'attachait à son diocèse, cessant d'appartenir, autrement que par la consécration, au collège des Évêques de France, il ne vît diminuer son autorité. Il n'en fut point ainsi, tant il multiplia ses efforts, tant ces efforts furent couronnés de succès. Dès les premiers moments de sa retraite, il reparut dans la chaire. A la sollicitation de M. de Juigné, il se fit entendre dans de nombreuses circonstances, en particulier à la profession de mademoiselle de Soyecourt, qui entrait aux Carmélites, où son admirable allocution obtint un succès de larmes et d'émotion. Il parut souvent dans les collèges, où l'on raconte que ses exhortations renouvelaient la piété et produisaient des élans de ferveur extraordinaires; il ne dédaigna pas de parler aux enfants des catéchismes, surtout à Saint-Sulpice, qu'il appelait « la première paroisse de l'univers chrétien (1) » ; surtout encore à la chapelle des Missions étrangères, où étaient instruits les petits Savoyards. On ne peut rappeler sans émotion que le zèle du vénérable Évêque avait su persuader aux plus nobles familles du faubourg Saint-Germain de donner leurs fils pour « frères » de première communion aux pauvres déshérités. M. de Beauvais a consacré le souvenir de cette charité touchante dans le discours qu'il prononça à l'une de ces cérémonies, en 1787 : « Nos chers « enfants, jamais, non, jamais nous n'avons rempli nos « fonctions saintes avec plus de consolation ; nous voici « dans le vrai centre de notre ministère, au milieu des « enfants, au milieu des pauvres que Jésus-Christ honora « toujours de sa prédilection. Mais combien cette pieuse « cérémonie devient plus belle encore par le mélange « des enfants illustres que des mères vertueuses ont « voulu confondre avec vous ! »

M. de Beauvais fit un discours de vêture à la prise d'habits de deux novices à l'abbaye de Panthemont. L'assistance fut vivement émue par cette éloquence que rien n'inspirait mieux que ces touchantes cérémonies, et la réputation de l'orateur s'accrut encore. En 1788, M. Émery l'invita, le 21 novembre, à recevoir la rénovation des promesses cléricales au séminaire de Saint-Sulpice. Il adressa, ce jour-là, aux élèves du sanctuaire un de ces

(1) M. de Sambucy mentionne un discours que M. de Beauvais y prononça un jour de première communion ; il paraît l'avoir lu et en vante la beauté ; il exprime même l'espoir de le publier un jour ; nous ne sachions pas qu'il ait tenu cette promesse.

discours où son âme s'épanchait et qui étaient le triomphe de son talent. Il traita de la dignité du sacerdoce, de la nécessité de se préparer à l'exercer dignement devant les peuples, et certes sur aucun sujet l'orateur ne pouvait mieux parler de l'abondance du cœur. Il était en effet préoccupé à cette époque de la réalisation d'un projet qu'il regardait comme la consécration de tous ses travaux, et qui fut le souci de ses dernières années. Il n'oubliait pas qu'une direction suffisante lui avait manqué dans sa carrière oratoire ; il avait abordé trop tôt la chaire, et, pour trouver le courage d'en descendre, il lui avait manqué surtout de savoir où aller chercher le bienfait d'une préparation féconde. Il voulait donc assurer à la génération nouvelle la ressource qui avait manqué à la sienne, et il forma le projet de fonder pour les jeunes prédicateurs un séminaire particulier. L'archevêque de Paris entra dans ses vues et acheta même dans ce but une maison qui appartenait aux Eudistes. En attendant la fondation définitive du nouvel établissement, M. de Beauvais, impatient de voir l'œuvre commencée, demanda à l'abbé Auger, depuis académicien, traducteur de Démosthène et de saint Jean Chrysostome, d'ouvrir dans sa demeure des conférences sur l'éloquence sacrée. Mais l'entreprise échoua. L'abbé Auger, littérateur habile, n'était point orateur, il n'était pas davantage professeur d'éloquence, et cet essai malheureux menaçait de faire avorter le projet principal. Cependant le pieux évêque ne cessait d'y penser et de travailler. Il s'occupait, de concert avec MM. de Malvaux et Gallard, dans la studieuse retraite que l'affection de M. de Juigné lui avait ménagée à l'archevêché, d'un ouvrage considérable où devaient être réunis les principes et les diverses applications de l'éloquence de la chaire. Ce cours complet de doctrine, destiné à assurer l'unité de l'enseignement, reçut l'approbation empressée de la plupart des évêques de France. Le manuscrit en avait été distribué à soixante prêtres laborieux et instruits, qui travaillèrent pendant plusieurs années, d'après les indications d'une sorte de table des matières, à construire ce monument. Il devait former une encyclopédie méthodique de l'éloquence religieuse, et M. de Beauvais en avait écrit le discours préliminaire. La matière de cent volumes était réunie : mais cette collection immense a péri en 1789, dans le premier pillage de l'archevêché. C'est une perte irréparable. Il ne reste que le squelette de l'ouvrage, c'est-à-dire cette table des matières dont nous venons de parler, et que M. de Sambucy a voulu sauver de l'oubli (1).

Tels étaient les travaux de M. de Beauvais quand éclata la Révolution. C'en était fait de sa calme et douce vie. L'orage approchait, et malgré ses prévisions oratoires d'autrefois, il est inutile de dire qu'il ne le prévoyait pas si terrible. Il ne pensait qu'à des réformes : il désirait les voir réalisées et y prendre part; il se réjouit avec ses amis de l'élection par laquelle le bailliage de Paris, *extra-muros*, l'envoya aux États généraux. Mais quelle déception il éprouva au spectacle de cette assemblée! Il avait rêvé l'union de tous dans une même pensée; il assistait au déchaînement des passions. Il n'éleva pas la voix ; il n'en eut jamais le courage, et, dit éloquemment M. de Boulogne, « celui qui n'avait pas tremblé devant les rois, « craignit de parler devant cette foule de nouveaux sou- « verains. » Sa douceur s'effrayait du tumulte; il n'était pas fait pour dominer les tempêtes, et c'est seulement une illusion de l'amitié qui a pu faire dire à M. Gallard : « Eh! qui sait si la douce persuasion qui coulait de ses « lèvres n'eût pas calmé ou du moins ralenti la fureur « des passions qui ont bouleversé notre patrie! S'il était « un homme à qui le ciel eût accordé le pouvoir de réu-

(1) Elle forme la partie la plus considérable de l'ouvrage qu'il a consacré à M. de Beauvais.

« nir les cœurs du père et des enfants, n'était-ce pas à « celui qui avait su défendre la cause des peuples sans « offenser la majesté des Rois (1)? » Non, la simplicité et la droiture de M. de Beauvais furent prises au dépourvu, et frappé au cœur dès les premiers moments, il se tut. Il prépara pourtant avec M. de Juigné un Mémoire qui renfermait un plan de conduite pour l'Église de France. C'en fut assez pour le désigner aux coups des meneurs. Le 24 juin 1789, au sortir de l'assemblée, la voiture des deux prélats fut assaillie par une multitude à laquelle on avait distribué de l'argent; les gardes du corps seuls purent les mettre à l'abri des violences.

Après le départ de M. de Juigné que de nouveaux outrages avaient découragé, M. de Beauvais quitta lui-même l'assemblée et alla s'établir au Mont-Valérien avec l'abbé de Malvaux, l'ami de toutes les heures, le confident de toutes les peines. Là il dépérit rapidement. Son âme était flétrie; il n'attendait plus rien que de Dieu. « Nous l'avons vu, s'écrie son panégyriste, tel que le « grand-prêtre Osias nous est représenté au moment où « Héliodore entra dans le temple de Jérusalem : « On ne « pouvait regarder son visage, dit l'historien sacré, sans « être blessé jusqu'au cœur, car le changement de son teint « et de sa couleur naturelle marquait clairement la dou- « leur intérieure de son âme. Une certaine tristesse répan- « due sur toute sa personne, et l'horreur même dont tout « son corps paraissait saisi, découvraient à ceux qui le re- « gardaient la plaie de son cœur. » A ceux qui s'empres- « saient autour de lui, il disait : Ne pleurez pas sur moi, « pleurez sur vous-mêmes, car les jours vont venir où « vous envierez la mort. » Il expira le 4 avril 1790, à l'âge de cinquante-neuf ans, dans le palais archiépiscopal de Paris, où il était récemment rentré. M. de Malvaux, qui l'avait assisté jusqu'au bout, ne put lui sur-

(1) Oraison funèbre de M. de Beauvais.

vivre, et cette double perte redoubla les regrets que faisait ressentir aux fidèles l'absence de l'archevêque. Quant à celui-ci, il fut saisi dans sa retraite d'une profonde douleur, et il donna des larmes à la mémoire de son vertueux ami.

Les restes mortels de l'ancien évêque de Senez, après avoir été présentés à Sainte-Marie, paroisse de l'archevêché, furent transportés au Mont-Valérien. Il fut inhumé dans l'église des prêtres du Calvaire; c'était la sépulture qu'il avait désirée. Les rapides progrès de la révolution empêchèrent qu'un monument lui fût élevé, comme l'avaient projeté ses amis, et l'église même où il reposait fut bientôt démolie. En 1823, Mgr de Forbin-Janson recueillit ses restes, les ensevelit dans le nouveau cimetière et fit élever un monument avec cette épitaphe :

HIC JACET
JOANNES-BAPTISTA-CAROLUS-MARIA
DE BEAUVAIS, OLIM EPISCOPUS SANITIENSIS,
CHRISTIANISSIMI REGIS LUDOVICI XV
ORATOR SACER ORDINARIUS,
RELIGIONIS ADVERSUS IMPIOS
ET VERITATIS APUD REGES
DEFENSOR ACERRIMUS.
OBIIT NONIS APRILIS ANNO DOMINI 1790.

CI-GIT
JEAN-BAPTISTE-CHARLES-MARIE
DE BEAUVAIS, ANCIEN ÉVÊQUE DE SENEZ,
PRÉDICATEUR ORDINAIRE DE S. M. T. C.
LE ROI LOUIS XV,
DÉFENSEUR INTRÉPIDE DE LA RELIGION
EN FACE DE L'IMPIÉTÉ,
ET DE LA VÉRITÉ EN FACE DES ROIS.

Et on ajouta ce texte qui convient si bien à l'éloquent

évêque : « *Loquebar in testimoniis tuis in conspectu regum, et non confundebar* ». « Je vous ai rendu témoignage, ô mon Dieu, devant les rois de la terre, et je n'ai point été confondu .»

M. de Beauvais succomba à la douleur que lui faisaient éprouver les maux de la religion et de la patrie : il n'est pas de plus belle fin pour un Chrétien et pour un Français, pas de plus digne couronnement d'une vie pleine de saintes œuvres.

7350 83. — Corbeil. Typ. Crété

www.ingramcontent.com/pod-product-compliance
Lightning Source LLC
LaVergne TN
LVHW010033230826
846091LV00005B/1672

www.ingramcontent.com/pod-product-compliance
Lightning Source LLC
LaVergne TN
LVHW010039230826
846091LV00005B/1778

* 9 7 8 2 0 1 3 0 9 0 0 2 5 *